TAITH RHYW GYMRO
TEDI MILLWARD

Gomer

Cyhoeddwyd yn 2015 gan
Wasg Gomer, Llandysul, Ceredigion SA44 4JL

ISBN 978 1 78562 017 1

Cyhoeddwyd gyda chymorth ariannol
Cyngor Llyfrau Cymru.

Argraffwyd a rhwymwyd yng Nghymru gan
Wasg Gomer, Llandysul, Ceredigion SA44 4JL
www.gomer.co.uk

Rhagair

Pan ofynnwyd i mi lunio'r rhagair hwn roeddwn eisoes wedi clywed rhywfaint am hanes Dr Edward Glynne (Tedi) Millward a'i rôl bwysig yn sefydlu Cymdeithas yr Iaith. Sut bynnag, pan gwrddon ni er mwyn cael sgwrs, roedd yn syndod i mi gymaint oedd gan y ddau ohonom yn gyffredin.

Y tebygrwydd mwyaf amlwg, efallai, yw ein cysylltiadau â Merthyr Tudful, y dref enwog a hanesyddol honno sy'n gartref gwirioneddol i mi ac yn gartref ysbrydol i Tedi. Hoffwn feddwl bod Tedi a minnau yn rhannu'r un gwaed a roddodd nerth i drigolion Merthyr wrthwynebu anghyfiawnder yn ystod gwrthryfel 1831. Er bod y ddau ohonom yn hanu o gefndir 'di-Gymraeg', rydym, ein dau, wedi llwyddo i newid iaith ein haelwydydd ac i adennill y Gymraeg fel iaith naturiol ein teuluoedd. Yn debyg i Tedi ei hun, yr wyf innau wedi gweithio ers rhai blynyddoedd fel tiwtor Cymraeg i Oedolion yn hybu a hyrwyddo'r iaith. O ystyried ein daliadau gwleidyddol heddiw, roedd yn syndod mawr i mi ddarganfod ein bod, yn ddynion ifainc, wedi rhannu diddordeb yn y Llu Awyr ac mewn awyrennau. Yn bwysicach oll efallai, ac er gwaethaf ein hangerdd dros y Gymraeg, mae'r ddau ohonom wedi'n hargyhoeddi mai drwy ddulliau di-drais yn unig y mae modd achub yr iaith. Nid sôn am ddull llwfr o laesu dwylo yr ydym yma, ond am ddull cadarnhaol, beiddgar, sy'n gwrthod derbyn anghyfiawnder er mwyn cysur personol. Dull heriol ydyw sy'n gorfodi'r anghyfiawn i wynebu eu trais eu hunain.

Ar y pryd, derbyniodd Tedi ymateb chwyrn gan rai gwladgarwyr am ei rôl yn dysgu'r Gymraeg i'r Tywysog Siarl adeg yr arwisgo yn 1969. Daeth yn amlwg o'r sgwrs a gefais i â Tedi mai gweithredu gydag argyhoeddiad ei fod yn gwneud yr hyn oedd orau dros y Gymraeg yr oedd, fel y gwelwch wrth ddarllen ei stori.

Dyma atgofion gŵr deallus, gwleidyddol a gwladgarol, a fu'n gweithredu dros yr iaith mewn cyfnod cynhyrfus a thyngedfennol yn ei hanes. Roedd gan Tedi rôl allweddol fel un o gynllunwyr y protestiadau tor cyfraith a lwyddodd i godi proffil achos yr iaith mor effeithiol yn y chwedegau.

Mae ei waith arloesol ar lenyddiaeth Gymraeg Oes Victoria wedi torri cwys newydd yn y byd academaidd a bu'n ddarlithydd yn y Gymraeg ym Mhrifysgolion Abertawe, Caerdydd ac Aberystwyth yn ystod ei yrfa.

Roedd yn fraint enfawr i mi gael y cyfle i gwrdd â'r gŵr bonheddig hwn sydd, yn fy marn i, yn un o gewri tawel ein hiaith a'n diwylliant. Mae'r sgwrs a ddigwyddodd rhwng Tedi a minnau wedi'i blethu drwy destun y gyfrol ac mae'n myfyrio ar ei brofiadau trawiadol ac arloesol ym meysydd gwleidyddiaeth, iaith a dysg. Hyd y gwelaf i, er mwyn i Gymru ffynnu fel cenedl lewyrchus a hyderus bydd angen i'r cenedlaethau a ddaw gynhyrchu menywod a dynion o'r un cadernid, mwynder ac ymrwymiad â Tedi Millward. Pleser mawr oedd cael ei gwmni a gobeithiaf y cewch chithau'r un mwynhad wrth ddarllen ei stori hynod ddifyr.

Jamie Bevan
Merthyr Tudful

Cyflwyniad

Cystal dechrau â'r hyn a ddywedodd y Parchedig R. J. Jones, fy ngweinidog gynt yn Eglwys Minny Street, Caerdydd, ar ddechrau ei lyfr *Troi'r Dail* (1961): 'Nid yw'r llyfr hwn nac yn hunangofiant nac yn hanes manwl o'r cylchoedd a'r dyddiau yr ymwneir â hwy.' Gyda chymaint â hynny o rybudd dyma fentro arni, gan ddymuno bod y gweddill o'r hyn sydd yma yn dderbyniol.

Tedi Millward
Penrhyn-coch

Merthyr – Dechrau'r Daith

F'E'M GANED yng Nghaerdydd ar 28 Mehefin 1930, ond ganed fy chwaer hynaf ym Merthyr Tudful. Pe bai fy rhieni wedi aros yno ryw chwe mis arall, fe allwn i hefyd fod wedi gweld golau dydd am y tro cyntaf yn y dref enwog honno. Ie, pobl o Ferthyr oedd fy rhieni, a'r cyswllt rhwng Merthyr a'r teulu yn bur agos am flynyddoedd lawer. Symudodd fy nhad i weithio i'r Great Western Railway yng Nghaerdydd. Roedd ei waith yn yr adran gyllid a ofalai am filiynau lawer o bunnau yn nyddiau llwyddiant mawr y cwmni hwnnw. Felly, dyn bach y dref oeddwn i ond heb fod yn 'fachan o'r dref', y dref fwyaf yng Nghymru a ddaeth ymhen rhyw chwarter canrif yn brifddinas. Rhywfodd neu'i gilydd yr oeddwn yn teimlo mai Merthyr oedd fy nghartref ysbrydol, os caniateir yr ansoddair hwnnw heddiw.

◆

Jamie: Dwi'n byw ym Merthyr fy hun, yn Nhwynyrodyn. Hoffwn i wybod mwy am eich perthynas â'r dref. Ife ar wyliau oeddech chi'n mynd 'na?

Tedi: Roeddwn i'n arfer ymweld yn gyson. Bydden ni'n mynd fel teulu i weld Mam-gu – roedd fy nhad-cu wedi marw. Arferai chwaer Mam-gu gadw siop ffrwythau yng ngwaelod y dre. Roedden ni'n mynd yno i gael afal wastad ac roedd hi'n sgleinio'r afal ar ei ffedog cyn ei roi i ni.

Jamie: Beth o'ch chi'n feddwl o'r bobl ym Merthyr?

Tedi: Wel, roedd llawer o'r rhai roedd fy nhad yn eu nabod wedi mynd, wedi marw, llawer iawn ohonyn nhw. Er hynny, roedd e'n cwrdd â phobl ar y stryd oedd yn ei nabod e. Ro'n i'n teimlo bod fy ngwreiddiau ym Merthyr wedyn trwy fy nhad … a fy mam hefyd, o ran hynny. Ro'n i'n mynd lan i dop y dre ac roedd 'na le da gan Eidalwyr i gael paned.

Jamie: Mae e'n dal yna heddi.

Tedi: Bobol bach! Mae'n dal 'na, ydy?

Jamie: Beth am yr iaith ym Merthyr? Doedd eich tad chi ddim yn siarad Cymraeg?

Tedi: Nac oedd, doedd naill na'r llall o'm rhieni yn siarad Cymraeg.

Jamie: Pan o'ch chi'n mynd lan 'na, oedd Cymraeg i'w chlywed o hyd?

Tedi: Roedd rhai yn siarad Cymraeg, ond Saesneg oedd hi yn bennaf. Ychydig iawn o Gymraeg oedd yno, ond roedd 'na gapeli Cymraeg.

Jamie: Sut ydych chi'n credu mae eich gwreiddiau ym Merthyr wedi helpu i siapio'ch meddylfryd gwleidyddol? Ydy e wedi cael effaith ar y ffordd rydych chi'n gweld bywyd yn ehangach?

Tedi: Roedd e'n dweud wrthyf fy mod yn Gymro ac yn rhan o le eithaf Cymreigaidd er gwaethaf absenoldeb yr iaith.

Jamie: Rydych chi'n sôn mai un o'ch cas bethau oedd y term 'na 'Sais sydd wedi dysgu Cymraeg'.

Tedi: Ie. Lle Cymreig oedd Merthyr a'r acen yn Gymreig.

Jamie: Mae'r teimlad o Gymreictod yn dal yna, mae'n gryf iawn.

Tedi: Da iawn, mae'n dda gen i glywed.

◆

Fel y dengys y cyfenw, daeth teulu 'Nhad i Ferthyr o Loegr a hynny rywbryd yn ystod hanner cyntaf y bedwaredd ganrif ar bymtheg. Pobl o Redditch yn Swydd Gaerwrangon oeddynt, cigyddion a ddaeth i sefydlu busnesau proffidiol yng nghanol poblogaeth y dref newydd a oedd yn tyfu fel canolbwynt i'r diwydiant glo a hefyd i'r diwydiant haearn am gryn amser. Crynhodd Gwyn Alf ddylanwad Cymreigrwydd Merthyr ar y llu o ymfudwyr:

> Large numbers of the English, and even the Spanish and Italians, who came in were absorbed so thoroughly that many learned the Welsh language – which partly explains the existence today of passionate Welsh-speaking nationalists who bear such ancient Welsh surnames as Millward, Reeve, Bianchi, Diez, not to mention Hennesy and Murphy.
>
> Gwyn A. Williams, *When Was Wales?*
> (Penguin Books, 1985), t, 179

Dywedwyd wrthyf fod tad fy nhad wedi dysgu peth Cymraeg er mwyn delio'n well â chwsmeriaid yn ei siop a oedd yn uniaith Gymraeg i bob pwrpas, ond, gwaetha'r modd, ni allaf hawlio fod y teulu wedi ymgymreigio o ran iaith. Rhaid cyfaddef, felly, nad Cymreigrwydd diamheuol Merthyr a ddysgodd Gymraeg i mi. Pe bai'r teulu wedi aros ym Merthyr, pwy a ŵyr?

Yr oedd Richard Millward wedi ymsefydlu ym Merthyr fel cigydd cyn 1850 a chafwyd dwy siop yn y dref yn 1875. Ceir yn y cylchgrawn teuluol *Cyfaill yr Aelwyd*, 1884, driban gan Meredydd Jenkins yn sôn am feysydd Millward, sef, mae'n bur debyg, y tir lle cadwyd y gwartheg cyn eu lladd:

> Rwy'n gweld y ban eleni,
> Y gwanwyn ir yn gwenu,
> Mae meusydd Millward fel yr ardd,
> Rhai hynod hardd yw rhei'ny.

Mae'n amlwg fod y siopau hyn yn plesio'r cwsmeriaid, os gellir credu'r pennill aruchel a geir yn *Poetical Sketches* James Hulbert a gyhoeddwyd ym Merthyr yn 1889:

> Buy Millward's meat,
> It's very sweet
> And good to eat,
> It can't be beat,
> Or know defeat.
> The joints are neat.
> When on a seat,
> Or on your feet
> Upon the street

And friends you greet,
Tell all you meet,
We now repeat,
Buy Millward's meat

Yr oedd siop Edward, fy nhad-cu, yng ngwaelod y stryd fawr
(wrth ddod i fyny o'r de) ac y mae'n bur debyg mai at y siop hon
y cyfeiriodd Jack Jones ym mhedwaredd bennod ei nofel *Off to
Philadelphia in the Morning* am y cyfansoddwr Joseph Parry.
Yn ymyl y siop yr oedd lladd-dy; gwelais y murddun cyn iddo
gael ei ddymchwel i godi fflatiau. Yno y byddai fy nhad-cu a'i
gydweithwyr yn lladd eu hanifeiliaid eu hunain ac yn paratoi'r
cig ar gyfer ei roi yn y siop gyfagos. Diau iddo ddysgu'r grefft
angenrheidiol hon gan ei dad yntau, fy hen dad-cu. Mae'n amlwg
fod Edward yn ddyn garw. Clywais stori amdano ac yntau wrthi
yn y lladd-dy, pryd y daeth rhyw ddyn drosodd o'r dafarn
gyferbyn. 'Eddie,' meddai hwnnw, 'there's an Irishman in the
pub and he's as drunk as a lord and breaking up the furniture.
Can you come and see to him?' Grwgnach braidd a wnaeth
Eddie, ond tynnodd ei wregys o gyllyll mawr a mynd drosodd i
ddelio â'r Gwyddel – rhoi un pwniad iddo, ei dynnu allan a'i roi
i eistedd ar y pafin gyda'i gefn yn erbyn wal y dafarn. Dim sôn
am yr heddlu. Yn ôl ag ef wedyn i'r lladd-dy a mynd ymlaen yn
dawel â'i waith. Digwyddodd y gymwynas gymdeithasol hon
rywbryd cyn y Rhyfel Byd Cyntaf. Cefais yr hanes gan fy nhad a
oedd yn cynorthwyo yn y lladd-dy. Yn ôl y sôn yr oedd ei dad ef
ymhell o fod yn ddirwestwr. Ar y llaw arall, ni wnaeth fy nhad i
dywyllu drws tafarn unwaith yn y blynyddoedd pan oeddwn i'n
blentyn ysgol ac yn fyfyriwr yng Nghaerdydd.

Jamie: Beth am eich teimladau chi am alcohol, felly? Ydych chi'n ddirwestwr?

Tedi: Nagw, ond dwi ddim yn yfed rhyw lawer a doedd fy nhad ddim chwaith. Ro'n i'n cael gwin coch a gwin gwyn adeg Nadolig. Dwi'n cofio un tro ro'n i'n sâl yn y gwely, yn fach iawn ar y pryd, tua chwech neu saith. Ro'n i eisiau rhywbeth i'w yfed ac yfais botelaid o win gwyn. Roedd Mam wedi dychryn ac roedd fy mhen i'n troi!

Jamie: Digon i'ch rhoi chi *off* am weddill eich bywyd.

Tedi: Roedd rhaniad yn y teulu, dyna pam dwi'n sôn am y peth. Y traddodiad Cymreig capelgar oedd gan Mam, ei rhieni hi, wel ei thad-cu beth bynnag. Roedd tad fy nhad wedi marw pan o'n i'n fach iawn ac roedd e'n perthyn i hen fywyd Merthyr, bywyd amrwd, digon o yfed ac yn y blaen. Doedd e ddim yn ddyn capel o gwbl, ond roedd 'na barch iddo fe fel perchennog siop y cigydd, Millward y bwtsiwr.

Jamie: Ife dyna pam nad oedd eich tad yn yfed? Oedd e wedi ymbellhau?

Tedi: Yn sicr, roedd e wedi cefnu ar y bywyd yna. Dwi ddim yn siŵr amdano fe'n ddyn ifanc ond yn fy amser i doedd e ddim yn mynychu tafarndai.

◆

Roedd bywyd crefyddol o bwys ym Merthyr y pryd hwnnw ac ymwybod gwleidyddol a etholodd Keir Hardie yn 1900. Ond nid dyna'r unig fywyd ychwaith. Aelod o'r bywyd seciwlar oedd fy nhad-cu. Yn nofel Jack Jones, *Off to Philadelphia in the Morning*, sonnir am ardal China fel 'nythfa o ladron a phuteiniaid' yn ôl un cofnod. Sôn y mae'r nofelydd am haint y colera a drawodd droeon yn ystod y bedwaredd ganrif ar bymtheg:

> For didn't it take old Harry Half-a-Man? It did sure enough. He died of it in the common lodging house in the district called China. It was from there that Wat Evans who did the slaughtering for Millward the butcher took him in a sack … Each and every depository in the way of a building he could think of had its drawbacks, so he was at last forced to take his load down to the slaughter-house.

Ni ddywedodd Jack Jones ddim am agwedd y cwsmeriaid os daethant i wybod bod celain ddynol yng nghanol y celanedd eraill yn y lladd-dy. Yr oedd fy nhad-cu yn dipyn o redwr hefyd a dywedir iddo ennill y Powderhall 100 Yards, ond ni welais ddim prawf o hynny er chwilio yn ddyfal. Diau iddo gystadlu yn y New Year Sprint fel y'i gelwid. Yn siop y barbwr y drws nesaf i'w siop yntau gwelais ffotograff ar y wal yn dangos y barbwr, a oedd yn rhedeg y filltir, ac Eddie, y sbrintiwr. Ym mha ras, tybed?

Ond Cymry Cymraeg oedd teulu Mam, o ardal Tregaron, Sir Aberteifi. 'George' oedd ei chyfenw ac y mae llu mawr o Siorsiaid yng ngwaelod Ceredigion a gogledd Sir Benfro. A dyma wedd arall ar hanes Merthyr Tudful. Yng nghyfnod geni fy rhieni gallai hanner poblogaeth y dref siarad Cymraeg.

Serch hynny, yr oedd dylanwad y Llyfrau Gleision, cyfundrefn addysg Saesneg a Seisnig, a difrawder y Cymry hwythau, i gyd wrthi'n brysur yn lladd yr iaith. Fe ddywedir bod fy ewythr Evan, brawd hynaf Mam (a laddwyd yn y Rhyfel Byd Cyntaf yn 1918), wedi ei fagu yn Gymro iaith gyntaf. Ond dioddefodd y *Welsh Not* yn yr ysgol ac o'r herwydd trowyd yr aelwyd yn uniaith Saesneg. Dyna ddagrau pethau. Eto i gyd, yr oedd fy hen dad-cu, Evan George, tad-cu Mam, yn aelod amlwg yn eglwys Fethodistaidd Hermon, Dowlais, yn flaenor ac yn dal amryw o swyddi yn yr eglwys honno. Ceir ei lun yn llyfr y Parch. D. Cunllo Davies (1905) yn rhoi hanes y capel. Rhaid bod Evan yn ŵr ifanc galluog, oherwydd daeth yn athro ar ddosbarth o bobl mewn oed yn bedair ar bymtheg oed yn ysgol Sul Hermon. Yn ôl Cunllo Davies: 'Llanwodd bob swydd, oddigerth yr ysgrifenyddiaeth, ynglŷn â Themlyddiaeth Dda o'r flwyddyn 1873 hyd 1877.' Un o'i bedwar mab oedd Evan William George, a gladdwyd yn Bloemfontein, De Affrica, yn 1904, yn naw ar hugain oed. Yr oedd y mab hwn yntau yn ddyn ifanc galluog. Enillodd amryw o ysgoloriaethau a'i galluogodd i fynd i Goleg Borough Road, Llundain, coleg hyfforddi athrawon. Wedyn, cipiodd ysgoloriaeth deithiol mewn Ffrangeg ac aeth i'r École Normale yn Rennes, Llydaw, a'r École Normale Supérieure de Saint-Cloud ger Paris. Wedi dychwelyd i Gymru bu'n dysgu am gyfnod yn Ysgol Wyddonol Ystrad Dyfodwg ac wedyn yn Ysgol Sir y Porth, yn dysgu Ffrangeg a rhifyddeg. Ond torrodd ei iechyd ac aeth i Bournemouth i geisio gwella, o'r dicléin, yn ôl pob tebyg, ac yn olaf ymfudodd i Ladybrand yn Ne Affrica ac aros gyda'i gefnder, meddir, sef David George. Bu farw yno ar 19 Ionawr 1904. Dyma berthynas y carwn yn fawr fod wedi ei adnabod. Daeth i feddiant Cunllo Davies ddyddiadur Cymraeg a ysgrifennodd Evan George pan oedd ar ei daith hir i Ladybrand ar fôr a thir, a ddengys fod y gallu ganddo i ysgrifennu'n fywiog. Gellir gweld llawer o'r dyddiadur hwn ar dudalennau *Cymru*, cylchgrawn O. M. Edwards. Ys dywedodd ei weinidog: 'Yr oedd pawb yn disgwyl pethau mawr oddi wrtho.'

Er gwaethaf ei fagwraeth ddi-Gymraeg, ni chollodd Mam bob cyswllt â'r bywyd Cymraeg. Dywedodd wrthyf un tro ei bod yn arfer adrodd adnod yn y capel, a hithau'n ifanc iawn, heb ddeall dim. Pan fyddai ei hamynedd yn pallu gyda ni'r plant byddai'n dweud yn eithaf uchel rywbeth hollol annealladwy i mi; 'Kerry' oedd dechrau'r ymadrodd ond ni wyddwn i beth oedd y gweddill. Wedi i mi ddod yn fwy cyfarwydd â'r iaith lafar a gofyn iddi ailadrodd y dywediad, gallwn ddweud wrthi mai anogaeth i ymadael dan grafu rhan arbennig o'r corff oedd yr ystyr. Dychrynodd yn fawr a thaeru na fyddai'n dweud y fath beth di-chwaeth byth eto.

Bu farw tad fy nhad cyn i mi gael fy ngeni ac ni chefais ddim cyswllt â 'Grampa', ychwaith, sef tad Mam. Llwyddodd ef i'n hanwybyddu ni ei wyrion yn llwyr. Gallwn feddwl fod y tad-cu hwn, John Evan George (1866–1939), yn rhyfedd o wahanol i'w dad capelgar. Gŵr militaraidd ydoedd. Bu'n aelod am flynyddoedd o Wirfoddolwyr Merthyr a drodd wedyn yn Fyddin Diriogaethol. Sonnir amdano yn gwasanaethu yn Ne Affrica, yn ymladd yn erbyn y Bwyriaid. Bu wedyn yn Suvla Bay yn ardal y Dardanelles lle bu'n 'Regimental Quartermaster Sergeant' i'r Pumed Bataliwn a oedd yno yn ystod y gyflafan ofer honno adeg y Rhyfel Byd Cyntaf. Derbyniodd eirda cynnes wedyn yn y *Merthyr Express*, ar ddechrau mis Awst 1916, am ei gyfraniad a'i ymddygiad yn Suvla Bay, gan ryw swyddog dienw o'r Pumed Bataliwn; medd H. H. Southey, golygydd y papur yn nes ymlaen:

I can never speak too highly of the splendid services of our Quartermaster J. E. George in his very heavy task of feeding the men and getting the rations safely through the mud and slush of the communication trenches up to the firing line. Many places had mud several feet deep, and men sunk into it over their knees. But Quartermaster George accomplished his task and won the thanks of us all. He has been of untold service to the battalion – able to control men and overcome difficulties where a less experienced and self-controlled man would have made a mess of things.

Priododd ef â Phoebe Ann Davies (1869–1940), un o'r 'Pomaens', fel y'u gelwid, o Ddowlais, sef aelod o deulu fferm Bôn-y-maen, ger Dowlais, cartref a lyncwyd gan ehangiad y chwarel gyfagos.

Yn ôl yr hanes teuluol a gefais, torrodd John Evan George ei ddyweddïad â'r ferch a fyddai'n priodi'r bardd Sarnicol (Thomas Jacob Thomas, 1873–1945) a oedd yn athro ym Merthyr Tudful ar y pryd ac a aeth ymlaen i fod yn brifathro cyntaf Ysgol Ramadeg Mynwent y Crynwyr. Priododd John Evan â Phoebe Ann gan fy ngadael i heb allu brolio fy mod yn achau bardd Cymraeg poblogaidd.

A minnau'n chwilio am wybodaeth ynghylch y teulu, braf oedd gweld fod un siop cigydd Millward yn dal i fasnachu ym Merthyr gyda'r arwydd 'Est. 1840' wrth yr enw. Ni lwyddais i leoli'r perchennog yn yr achau ond y mae yno yn rhywle.

Addysg dan Gysgod y Luftwaffe

DECHREUODD fy addysg yn Ysgol Gladstone, Caerdydd, yr ysgol gynradd, ac wedyn fe es ymlaen i'r Cathays High School for Boys. Caem wers Gymraeg yn Ysgol Gladstone ar brynhawn Gwener, sydd yn awgrym o ddiffyg pwysigrwydd yr iaith yn yr ysgol honno. Y cof sydd gennyf yw bod yr athro yn gwneud ei orau glas i'n dysgu trwy'r 'Direct Method', fel y'i gelwid. Hynny yw, byddai'n ceisio actio'r hyn a oedd ganddo heb gyfieithu i'r Saesneg. 'Yr wyf yn cloddio', a byddai'n actio'r cloddio o flaen y dosbarth. Yr oedd hyn yn ein goglais yn fawr ond ychydig iawn a ddysgwyd. Gweld yr athro yn prancio oedd y peth pwysig. I gael mynd i'r ysgol uwchradd yr oedd angen pasio'r 'scholarship', neu yr 'Eleven Plus', fel y'i gelwid, ac fe'm rhoddwyd i 'eistedd', sef sefyll yr arholiad hwnnw pan oeddwn tua naw oed! Yr unig gof sydd gennyf yw fy mod yn ystafell yr arholiad heb wybod yn iawn pam yr oeddwn yno. Beth bynnag am hynny, fe es drwyddi'r ail dro a chael fy hunan yn yr ysgol uwchradd yn 1940, yn ddeg oed, yn Nosbarth 1W. Ystyr yr W oedd 'Welsh' a dyna'r gymwynas gyntaf a gefais – heb yn wybod i mi – oherwydd Ysgol Uwchradd Cathays oedd un o'r ychydig ysgolion yng Nghaerdydd a roddai gyfle i astudio'r Gymraeg yn gyson hyd at y pumed dosbarth ac i mewn i'r chweched ac ar ben hynny ei gwneud yn bosibl astudio'r Ffrangeg yr un pryd â'r Gymraeg, heb orfodi'r disgybl i ddewis rhwng y ddwy iaith. Astudio'r Gymraeg fel dysgwr a wnes, wrth gwrs, oherwydd Saesneg oedd iaith y ddau riant.

Blynyddoedd yr Ail Ryfel Byd, felly, oedd fy amser i yn yr ysgol uwchradd. Dyma'r cyfnod y byddai'r Luftwaffe yn ymosod yn gyson ar ddinas Caerdydd a oedd, wrth gwrs, yn borthladd o bwys arbennig a llu awyr yr Almaenwyr yn dod drosodd i ollwng eu bomiau yn ystod y dydd a'r nos. Gallwn redeg i'r ysgol uwchradd mewn rhyw ddeng munud ar hyd y lôn trwy'r parc cyfagos lle ceid dwy lawnt fowlio. 'The bowlers' oedd ein henw ni ar y parc. Rhoddwyd hawl i ddisgyblion a oedd yn byw yn agos at yr ysgol i redeg adref gyda chyfaill pan fyddai'r seiren yn canu'n gwynfanllyd i gyhoeddi bod cyrch o'r awyr ar ddechrau, a hynny yn ystod oriau ysgol. Wedi cyrraedd gartref rhaid oedd mynd i mewn i'r lloches Anderson a godwyd yn yr ardd gefn. Ni fyddai Mam yn llochesu yn y modd yma. Nid oedd yn hoff o fynd 'dan ddaear' ac yr oedd y corynnod, y pryfed cop, yn ei dychryn yn fwy na'r gelyn! Afraid dweud bod y daith fer yn ôl i'r ysgol, wedi clywed y seiren yn seinio'r 'all clear', yn llawer mwy hamddenol. Yr oedd swyddfa 'Nhad dipyn yn bellach i'r de, nid nepell o'r dociau, ac yr oedd hynny yn destun gofid i Mam yn ystod y cyrchoedd.

Yr oedd y cyrchoedd awyr a ddigwyddai yn ystod y nos dipyn yn beryclach. Ymosodwyd droeon ar y ddinas yn ystod 1940 ac 1941. Y cyrch gyda'r nos ar 2 Ionawr 1941 oedd y gwaethaf. Lladdwyd 165 o bobl ac anafwyd cannoedd o rai eraill. Dyma'r pryd y disgynnodd bom ar Eglwys Gadeiriol Llandaf, rwy'n credu, a gwneud cryn ddifrod i'r tŵr a rhannau eraill o'r eglwys. Un o'm cas bethau i oedd cael fy nhynnu o'r gwely ar adeg cyrch awyr yn y nos. Ar ben hynny, byddai'r Almaenwyr yn ymosod pan oedd y cynulleidfaoedd mewn sinemâu yn mwynhau ffilm gyffrous. Ar adeg o'r fath byddai neges yn ymddangos ar sgrin y sinema yn dweud bod ymosodiad ar fin digwydd ac atelid y ffilm i roi cyfle i rai fentro allan a mynd adref. Ond byddai llawer yn aros. Barnai'r rhain fod y shrapnel o'n gynnau amddiffynnol yr un mor beryglus â'r bomiau. Yn wir, yn fynych iawn gellid clywed y darnau hyn yn disgyn ar do'r sinema fel cenllysg mawr. Rhaid i mi gyfaddef fod y shrapnel yn achos i mi gael pryd o dafod go chwyrn gan fy rhieni, fel y caf esbonio yn y man.

Dylwn ddweud nad oedd ofn arnaf yn ystod y *blitz* ar Gaerdydd. Nid dewrder nac unrhyw fath o arwriaeth oedd hyn, ond twpdra di-weld a meddwl *insouciant* crwtyn ifanc a gâi wefr o ddarllen am weithredoedd arwrol gwŷr ifainc y Llu Awyr yn enwedig, a dewrder ein milwyr a'n morwyr. Mae'n wir fy mod yn casáu'r Almaenwyr am mai arnynt hwy yr oedd y bai am fod piben ddŵr fawr wedi'i gosod ar hyd y gwter er mwyn ei gwneud yn haws cael dŵr i ddiffodd y tanau a ddechreuwyd gan eu bomiau, a hyn yn ei gwneud yn amhosibl chwarae marblys yn y cwteri persawrus. Anfaddeuol. Ond cystal cyfaddef i mi gael llond bol o ofn eiliad ar ôl un cyrch awyr. Os cywir fy nghof, digwyddodd ar ôl yr ymosodiad trymaf hwnnw ar Gaerdydd ar fore cynnar 2 Ionawr 1941. Yr oeddwn wedi cael dychwelyd i'm gwely ac yn ymbaratoi i gysgu pryd y daeth fflach o olau annaearol, i'm llygaid dychrynedig i, ynghyd â sŵn ffrwydrad yr un mor anghyfarwydd. Yr oedd y ffenestr ar agor, oherwydd y syniad oedd – yn gam neu'n gymwys – y byddai hynny yn rhwystro ffrwydrad bom rhag torri'r gwydr. Tynnwyd y llenni allan trwy'r ffenestr ac am eiliad yr oedd hi fel petai'r aer i gyd wedi'i sugno allan o'r ystafell wely. Dychrynais yn enbyd, neidio allan o'r gwely a rhedeg at y drws i ddianc. Ond gwrthododd agor. Gwaeth byth. 'Dad!' gwaeddais mewn braw, 'I can't get out!' ac nid anghofiaf fyth lais digyffro 'Nhad yn dweud yn dawel fod popeth yn iawn ac nad oedd angen poeni o gwbl. Gollyngdod mawr! Achos y cyfan oedd bod bom parasiwt mawr (*land mine*) wedi disgyn yn agos at gornel Wedal Road ac Allensbank Road, ym mynwent Caerdydd yr ochr arall i'r rheilffordd, ryw filltir a hanner o'n tŷ ni. Clywais wedyn fod cerrig beddau wedi cwympo drwy doeau sawl tŷ cyfagos.

Digwyddodd un peth hynod yn ystod un o'r cyrchoedd nos. Ciliodd awyrennau'r Luftwaffe ond aeth gair ar led fod rhywbeth metelaidd wedi disgyn ar do un o dai Lisvane Street, nid nepell o'n tŷ ni. Yr ofn oedd mai bom tân ydoedd na ellid ei ddiffodd â dŵr. Rhybuddiwyd yn ddwys y dylai pawb edrych yn y groglofft neu dan y to rhag ofn fod y bom yno'n llosgi. Ond yr oedd y bom bygythiol wedi diflannu. Yna, gyda'r wawr, cafwyd hyd i'r darn dirgel metelaidd ar y ffordd, medal yn coffáu ymweliad y Brenin Edward VII a'r Frenhines Alexandra â Chaerdydd yn 1907 i agor y doc newydd a enwyd ar ei hôl hi ydoedd. Y mae'n amlwg fod aelod o deulu un o'r awyrenwyr Almaenig wedi bod yn y seremoni agor a bod yr aelod hwnnw o'r Luftwaffe am ddangos fod y porthladd, y doc, yn un o'r targedau pwysicaf. Cellwair neu fygythiad?

Fel y dywedwyd, nid bomiau'r awyrennau Almaenig oedd yr unig berygl ond darnau o shrapnel danheddog a oedd yn disgyn o ergydion y gynnau amddiffynnol. Weithiau gellid eu clywed yn disgyn ar do'r Anderson. Ildiais i demtasiwn un tro.

Clywais ddarn go fawr yn taro'r tir y tu allan i ddrws y lloches. Estynnais law allan a gafael ynddo; yr oedd yn dal yn boeth. Bu'r darn ysgythrog hwn yn mwynhau lle anrhydeddus ar fy silff-ben-tân yn fy ystafell wely a bu'n wrthrych cenfigen gan gyfeillion pan lwyddais i'w smyglo i'r ysgol. Ond cefais bryd o dafod difrifol am hyn. Peth arall a ddysgwyd yn y cyfnod oedd medru gwahaniaethu rhwng synau'r bomiau yn disgyn. Os oedd chwibaniad y bom yn hir yr oedd yn disgyn gryn bellter i ffwrdd a ffawd y rhai a oedd dan y bomiau hynny yn dod i'r meddwl. Os oedd y chwiban yn fyr, rhaid cysgodi!

Bûm i'n darllen yn awchus yn y cyfnod hwn, ond dim byd eithriadol werthfawr nac adeiladol. Darllen popeth am hynt a helynt y rhyfel, wrth gwrs, yn enwedig arwriaeth peilotiaid dewr *Fighter Command* yn ystod Brwydr Prydain. Ffefrynnau mawr hefyd oedd *Westerns* Zane Grey. Wedi cael gafael ar bob copi yn Llyfrgell Gyhoeddus Cathays bu'n rhaid cerdded yn bell i ben draw Whitchurch Road, i fanteisio ar stoc Llyfrgell Gabalfa, lle yr oedd North Road yn dod i ben a'r Western Avenue yn cychwyn. Hoff lyfr arall oedd nofel Jack London, *White Fang*, a oedd ar y maes llafur yn y chweched dosbarth. Trysorais y nofel hon, ac fe welaf ar fy nghopi a gedwais yn ofalus i mi ysgrifennu dyddiad sydd yn dangos fy mod yn dal yn bedair ar ddeg oed pan ddarllenais y stori afaelgar hon gyntaf. Ond bu'n rhaid i Zane Grey ildio'r lle anrhydedd i Clarence E. Mulford a greodd y cymeriad bythgofiadwy hwnnw, Hopalong Cassidy, a dysgais ei fod yn ddyn gwahanol iawn i'r Hopalong a gyflwynwyd gan yr actor William Boyd yn y gyfres ffilmiau eithriadol boblogaidd. I raddau helaeth, bodlonwyd yr awch am stori dda gan y sinema ac yr oeddwn yn un o lawer a ninnau'n byw mewn cymdeithas ddideledu a diddisgiau. Mae'n syndod cofio ein bod oll yn fodlon ciwio'n hir i gael mynd i mewn i weld y ffilmiau a hyd yn oed sefyll am hydoedd wedi cael ein gollwng i mewn i'r gwyll.

Wrth i arholiad y Central Welsh Board, y CWB, agosáu, rhaid oedd i'r darllen ddifrifoli ychydig, ond yr wyf yn barod iawn i ddweud fod rhai o lyfrau Clarence Mulford, a brynwyd gynt gyda cheiniogau prin, ar fy silffoedd hyd y dydd hwn. Tua'r un amser dechreuodd cwmni Penguin gyhoeddi ambell un o nofelau C. W. Forester a'm rhestrodd i yn ddiymdroi yn un o filoedd lawer o edmygwyr Hornblower. Hefyd, dyma'r pryd y cafodd nifer o nofelau H. G. Wells weld golau dydd gan gwmni Penguin ac y mae'r rheiny yn hawlio lle anrhydedd ar fy silffoedd llyfrau yn ogystal. Digon hynny am y darllen cynnar a'r cyfan, wrth gwrs, yn Saesneg. Rhaid cyfaddef nad wyf yn darllen nofelau Saesneg bellach, ac ychydig o rai Cymraeg a ddarllenaf o ran hynny. Bodlonaf ar ddweud mai fy hoff nofel Saesneg ers tro byd yw *Catch 22* ac nid ildiaf y dewis hwnnw i'r un nofel arall am ffortiwn! Ac erbyn hyn, nid dyletswydd academaidd yw'r unig reswm pam yr wyf yn hoff o nofelau Daniel Owen.

Cyrraedd Croesffordd

YR WYF yn arbennig o ddiolchgar am gymwynas arall a
gefais – heb yn wybod i mi eto – a'm cadwodd ar ffordd
y Gymraeg. Rhaid ymwroli a dweud fy mod wedi ymaelodi
â'r 'Air Training Corps' tua diwedd y rhyfel ac nid ag Urdd
Gobaith Cymru yr oedd cangen ohoni yn yr ysgol. Yn wir,
enillais le yn nhîm saethu'r sgwadron. Felly, saethu cystadleuol,
dysgu am ddulliau rhyfela'r Llu Awyr, hedfan a dysgu gleidio
oedd fy nifyrrwch, nid meithrin delfrydau canmoladwy Urdd
Gobaith Cymru. Rhaid dweud mai fy marn y pryd hwnnw
oedd na allai gwersyll yr Urdd yn Llangrannog gystadlu â
gwersyll y Llu Awyr yn Sain Tathan. Cawsom fynd i hedfan
mewn de Havilland Dominie, hen awyren ddwbl ac ynddi le
i ryw hanner dwsin o deithwyr. Yr oedd pawb a ddringodd i
mewn yn gyffrous, er bod yr awydd i fynd yn pylu braidd pan
ddywedwyd wrthym fod y peilot yn aros yn y *mess* ac yn cael
digon i'w yfed. Ymddangosodd hwnnw o'r diwedd yn goch ei
wyneb a gwynt y ddiod yn drwm ar ei anadl. Yr oedd plymio i
lawr a hedfan yn isel dros Fôr Hafren yn brofiad i'w gofio. Ond
daethpwyd â ni yn ôl yn ddiogel ac wedi hynny yr oedd mynd i
weld y merched yn pacio parasiwtiau yn arbennig o ddiddorol.
Cawsom bleser arwraddolgar wedyn o wrando ar sgwrs gan
Bleddyn Williams, y chwaraewr rygbi disglair, a oedd yn dal
yn lifrai swyddog yn y Llu Awyr. Dysgais yn ddiweddar fod

Hywel Teifi yntau yn aelod o'r ATC ac felly, heb yn wybod i mi, yr oeddwn mewn cwmni da. Pan fûm ar wyliau bendigedig yn San Antonio, Texas, gryn amser wedyn, ar wahoddiad perthynas pell, cefais gyfle i hedfan yn aml gydag ef ac aelodau eraill o'i glwb hedfan a mynd i weld sioe fawr y Confederate Air Force yn ogystal. Profiad arbennig yno oedd bod yn agos at yr awyren Almaenig, yr Heinkel 111, y math a fu'n bomio Caerdydd gynt a gweld rhai bomiau tân yn ddiogel dan wydr.

◆

Jamie: [Yn edrych ar gasgliadau o gardiau bach yn darlunio awyrennau wedi'u fframio ar y wal] Yn amlwg rydych chi'n hoff iawn o awyrennau. Rydych chi'n sôn am eich cyfnod yn ddyn ifanc yn yr ATC.

Tedi: Adeg rhyfel oedd hi ac roedd llawer iawn o'r bechgyn yn ymuno â'r cadéts. Ro'n i wedi ymuno â sgwadron yr ATC a oedd yn yr ysgol. Dwi'n cofio cael prawf *Morse code*, ac ro'n i'n gwneud yn iawn. Roedd y newyddion y pryd hynny yn llawn o hanesion campau'r Llu Awyr, y bomio – erbyn hyn rydyn ni'n gwybod nad o'n nhw'n cael dim effaith o gwbl. Wedyn, fe ddaeth dyn i'r ysgol i siarad â ni; fe ddaeth e â Spitfire ac aeth pawb i weld yr awyren. Ro'n i wedi dwlu ar honno ac eisiau bod yn rhan o'r peth ac fe ymunais â'r ATC wedyn. Ro'n i wrth fy modd yn yr ATC, y tîm saethu hyd yn oed! Ro'n i'n mwynhau hedfan ac yn y blaen – roedd Sain Tathan yn bwysig iawn adeg y rhyfel.

Jamie: Felly'r adeg honno doeddech chi ddim yn heddychwr?

Tedi: Na, na, doeddwn i ddim yn gwybod beth oedd heddychiaeth.

Jamie: O'n am ofyn – yn ystod y rhyfel pan oedd Caerdydd yn cael ei bomio, o'ch chi'n ymwybodol o wrthwynebwyr cydwybodol?

Tedi: Na, doeddwn i'n gwybod dim amdanyn nhw a doedd dim llawer o sôn yn y wasg.

Jamie: Wnes i rywbeth tebyg. Wnes i ymuno â'r *air cadets* pan o'n i'n ifanc ym Merthyr, heb wybod dim am heddychiaeth a mynd bant i hedfan Chipmunks.

Tedi: O ie, mae Chipmunks yn fwy diweddar, ond Dominie ro'n ni wedi'i gael, hen *biplane* on'd ife?

Jamie: O'ch chi'n eu hedfan nhw eich hunan wedyn?

Tedi: Na, o'ch chi jyst yn cael bod yn deithiwr a siarad â'r peilot.

◆

Ar ôl arholiadau'r CWB yn y pumed dosbarth yr oeddwn wedi cael gafael ar ffurflen gais y Bristol Aircraft Company a gynigiai brentisiaeth yn y cwmni mawr hwnnw ym Mryste am ryw bum mlynedd, gyda phenderfyniad ar ddiwedd y flwyddyn gyntaf ynghylch pa adran o'r cwmni oedd orau i'r ymgeisydd. Menter fawr i grwt pymtheg oed! Ond – ac y mae'n 'ond' mor werthfawr – flynyddoedd maith wedyn clywais gan fy rhieni fod Mr W. C. Elvet Thomas, athro'r Gymraeg, wedi ymweld â nhw, yn fy absenoldeb, i awgrymu y dylwn fynd yn ôl i'r chweched dosbarth yn yr ysgol gan fy mod yn dangos rhyw duedd at ddysgu ieithoedd, a dyna a wnes, gan fod Mam a Dad yn dweud y gallwn drefnu i fynd i Fryste ymhen dwy flynedd a chennyf gymhwyster arall i gryfhau'r cais. Cadwodd fy rhieni'r gyfrinach hon ynglŷn â'r ymweliad am flynyddoedd lawer.

Elvet a sefydlodd yr eisteddfod yn yr ysgol, cystadleuaeth rhwng y 'tai' a enwyd ar ôl arwyr Cymreig – Hywel Dda a Glyndŵr, er enghraifft. Dewi Sant oedd fy nhŷ i ac un o'r prif gystadlaethau oedd cael côr y tŷ i ganu darn gosod. Y darn gosod un tro gan yr athro oedd 'Glân geriwbiaid a seraffiaid', cyfieithiad Alafon o emyn Saesneg Richard Mant. Fe sylweddolwyd yn fuan nad oedd neb yng nghôr Dewi a allai ganu rhan y bas. Do, fe bwyswyd arnaf i fel hynafgwr un ar bymtheg oed y chweched dosbarth i geisio canu'r rhan honno a dyna a wnes, gyda mymryn o lwyddiant o leiaf. Rhaid bod fy llais wedi torri erbyn hyn oherwydd bûm yn cystadlu cyn hynny yn eisteddfod yr ysgol yng nghystadleuaeth yr unawd trebl ac yn canu darn o'r *Messiah* mewn cyngerdd i ddathlu dauganmlwyddiant gwaith Handel a gyfansoddwyd yn 1741. Dyma'r emyn Cymraeg cyntaf erioed a ddysgais i ac afraid dweud mai dyma un o'm hoff emynau hyd heddiw. Dywedwyd wrthyf mai dal i ganu yng nghôr yr eglwys a gadwodd fy llais rhag torri, ond rhaid dweud hefyd fod y canu uchel yn mynd yn fwyfwy anodd.

Ond – a'r 'ond' yma'n dra gwerthfawr eto – yn union ar ôl mynd trwy'r arholiadau yn y chweched dosbarth aeth athro'r Gymraeg â phump ohonom, fechgyn y chweched a'r pumed dosbarth, ar daith gerdded o gwmpas Cymru yn haf 1947, haf sych a braf i'w ryfeddu. Do, do, o gwmpas Cymru! Ni fûm i erioed ar y fath daith na chynt na chwedyn. Merthyr Tudful oedd fy Nghymru i, a'n gwyliau ni fel teulu oedd mynd at berthnasau Mam yn Llundain a Portsmouth. Cerdded rhyw bum cant a hanner o filltiroedd o gwmpas Cymru a wnaethom, aros yng nghartrefi Cymry Cymraeg a gwersylloedd yr Urdd ac ymweld â mannau o bwys hanesyddol. Yr oedd amryw o ganolfannau gan yr Urdd y pryd hwnnw – un yng Nghaernarfon, er enghraifft. Cawsom groeso cynnes yn y gwersylloedd a chael ein cyflwyno fel teithwyr i'w hedmygu. Peth newydd i mi oedd cysgu mewn pabell yn Llangrannog a chadarnhawyd y 'croeso' gan rai o'r gwersyllwyr trwy roi poteli gweigion dan fatras y gwely i beri i ni deimlo'n 'gyfforddus'. Wedi dweud hynny, dyma brofiad amheuthun – nid ceisio cysgu ar fatras botelog ond cael mynd i ganol criw o Gymry ifainc a oedd yn cael blas arbennig ar fyw trwy'r Gymraeg, profiad newydd a hynod werthfawr i mi. Cyhoeddodd Elvet nifer o gyfraniadau am y daith yn *Yr Aelwyd*, cylchgrawn yr Urdd, yn 1947–8. Dywed amdanaf yn y cyfraniad cyntaf mai 'Saesneg yn unig yw iaith ei gartref ond dysgodd Gymraeg yn dda'. Yr oedd y gosodiad cyntaf yn gwbl gywir a'r ail braidd yn obeithiol. Y mae'n cloi'r cyfraniad cyflwyniadol hwn trwy ddweud ein bod yn edrych ymlaen yn eiddgar at ymweld â holl ganolfannau'r Urdd gyda'r sicrwydd 'y cawn yno gyfeillion mwyn o gyffelyb anianawd. Braint fydd bod yn eu cwmni'. I mi, wrth gwrs, bu'n fraint o fath arbennig iawn, er nad oeddwn yn gallu siarad Cymraeg yn ddigon da i ymlacio yn eu cwmni. Y profiad arbennig oedd bod ymhlith y carfanau hyn o Gymry ifainc, hoenus, a hwythau yn dechrau hau hedyn yr awydd ynof i fod yn un ohonynt.

Dyma ymaelodi yng Ngholeg y Brifysgol, Caerdydd, yn ddwy ar bymtheg oed, felly, a chofrestru i astudio Saesneg, Cymraeg a Ffrangeg, gyda'r Eidaleg yn ogystal, os mynegwyd awydd i ganolbwyntio ar Ffrangeg, yn ôl gofynion yr adran. Nid oeddwn eto wedi gweld y goleuni. Ar ben hynny, yr oeddwn ar goll yn ystod y darlithiau Cymraeg. Rhai caredig iawn oedd y myfyrwyr eraill ond yr oedd pawb o'r dosbarth yn parablu nerth eu pennau gan fy ngadael i ar fy mhen fy hun yng nghanol rhyw anialwch Saesneg. Rhai tebyg oedd y darlithwyr. Rhaid cofio na ddysgid yr iaith lafar yn yr ysgolion y pryd hwnnw ac nid oedd dim paratoadau arbennig ar gyfer myfyrwyr 'ail iaith' yn y coleg. Felly, cefais fenthyg nodiadau ambell fyfyriwr cymwynasgar a'm cysuro fy hun fod gennyf grap gweddol ar ramadeg yr iaith safonol. Ond nofio neu foddi oedd hi.

Hawdd cofio'r dylanwadau eraill a'm cadwodd yn derfynol ar y ffordd union. Elvet Thomas, athro'r Gymraeg yn yr ysgol eto, yn awgrymu y dylwn fynychu gwasanaethau capel Cymraeg, 'er mwyn clywed yr iaith,' meddai. Yr oedd Alwyn Prosser, yr aelod arall o'r dosbarth yn yr ysgol – ie, dim ond dau oedd yn nosbarth y Gymraeg yn y chweched dosbarth – yn aelod yn eglwys yr Annibynwyr, Minny Street, Caerdydd. Cymry Cymraeg o Abertridwr oedd ei rieni ond magwyd Alwyn a'i chwaer i siarad Saesneg yn bennaf a Saesneg, wrth reswm, oedd iaith ein cyfeillgarwch a'i gwnaeth yn haws o lawer mentro trwy ddrws y capel hwnnw.

Y Parchedig R. J. Jones oedd gweinidog Capel Minny Sreet yr adeg honno, wedi iddo dderbyn galwad yn 1931. Ni allaf ond ailadrodd y disgrifiad ardderchog ohono a gefais mewn llythyr gan y diweddar D. Llewelyn Walters gryn amser yn ôl. Gŵr oedd 'RJ' a oedd yn nodedig am 'ei rym a'i gadernid a'i genadwri greadigol'. Ond rhaid i mi frysio i ddweud fy mod yn eistedd fel pren trwy ei bregethau am rai misoedd, heb ddeall dim. Yn yr un modd yr oedd yr emynau'r un mor ddieithr i mi, a minnau'n dipyn o eglwyswr a oedd wedi derbyn bendith esgob ac yn arweinydd côr y bechgyn yn Eglwys Sant Mihangel ar ben y stryd. Yna, rhywbryd (ni allaf gofio pryd yn union), yn ystod y bregeth yng ngwasanaeth yr hwyr, fe sylweddolais yn sydyn, er mawr syndod i mi, fy mod wedi deall rhediad y bregeth. Dyma fendith dra gwerthfawr o fath arall!

◆

Jamie: Unwaith ro'ch chi wedi datblygu'ch syniadau heddychlon, a di-drais, sut o'ch chi'n edrych 'nôl ar eich profiad yn yr ATC ac ati wedyn? Yn amlwg fe fuoch yn hoff o'r profiad ac roedd e'n dal yn werthfawr i chi, ond sut oedd hynny'n cyd-fynd â'ch safbwynt newydd?

Tedi: Wel, ro'n i'n cefnu ar hwnna bron i gyd. Do'n i ddim yn dal dig oherwydd roedd pawb yn mynd i'r fyddin ac yn y blaen yr amser 'ny. Roedd dylanwad y capel yn bwysig, dylanwad y Parchedig R. J. Jones. Doedd e ddim yn *pregethu* heddychiaeth fel y cyfryw ond roedd yn ymhlyg yn yr hyn roedd e'n siarad amdano yn ei bregethau. Roedd nifer o bobl yn y capel wedi gwrthwynebu, wedi mynd yn wrthwynebwyr cydwybodol, ac roedd 'na lawer iawn o bobl a oedd wedi bod yn y fyddin, wrth gwrs.

Roedd 'na gymysgedd ond neb yn pregethu rhyfel, fel petai. Ro'n i'n eithaf ffrindiau gydag Alun Mathias – mae e wedi cyhoeddi tipyn am lenyddiaeth gynnar Gymraeg. Roedd e'n swyddog yn y rhyfel ac wedi gweld *action*, fel maen nhw'n dweud, yn yr Eidal ac yn y blaen, ond roedd e'n foi tawel iawn. Roedd 'na rai eraill hefyd ond roedden nhw'n derbyn y bywyd newydd, y bywyd heddychlon.

Roedd dosbarth bywiog iawn gyda ni yn yr ysgol Sul a phawb yn dadlau. Roedd R. J. Jones yn dod o gwmpas i ymweld â dosbarthiadau, a'n dosbarth ni oedd yr agosaf at ddrws y festri ac roedd yn galw gyda ni gyntaf. Roedd e'n wên i gyd pan oedd e'n dod aton ni oherwydd ro'n ni'n ddosbarth brwd iawn, pawb yn dadlau, pobl fel Emrys Roberts ac Alwyn Prosser. Ro'n ni'n cytuno am lawer iawn o bethau ond roedd e'n ddosbarth swnllyd, pawb yn siarad ar draws ei gilydd. D. Llewelyn Walters oedd yr athro ac roedd e'n foi da iawn hefyd. Amser coleg oedd hwn. Roedd Alwyn Prosser, a oedd yn ffrind mawr i mi ar y pryd, yn aelod o'r ysgol Sul. 'Dere i'r ysgol Sul,' medde fe. Wel do'n i ddim yn deall dim! Do'n i ddim yn deall y siarad mawr, ond fe ddaeth yn raddol felly. Roedd yr ysgol Sul wedi fy neffro i i bethau Cymraeg.

Mam-gu (Martha, née Price)

Evan George, fy hen dad-cu,
ar ochr fy mam

Tad-cu a Mam-gu

Evan W. George, ewythr Mam. Bu farw yn
Ne Affrica, 1904

John Evan George, tad fy mam. Credaf
mai ei fab, Ieuan, sydd ar y chwith

Fy nhad yn filwr
ifanc tua 1916

Fy nhad a 'nhad-cu ar y traeth
yn Brighton, 1924

Fy nhad yn Ffrainc, tua 1916–17 (ef yw'r ail o'r dde yn y cefn)

Yn 5 oed ac yna'n 9 oed

Siop Millward,
Merthyr Tudful
yn y saithdegau

Dathliadau VE, Stryd Gelligaer, Caerdydd

Y daith gerdded o gwmpas Cymru pan oeddwn yn y chweched dosbarth yn haf 1947

Ysgol Haf y Blaid, Pontarddulais yn 1962. Yma y sefydlwyd Cymdeithas yr Iaith Gymraeg

Cyfarfod Cymdeithas yr Iaith yn yr Home Cafe – ar ôl plastro Swyddfa'r Post, Aberystwyth (uchod) â phosteri – tua chwarter awr cyn mynd at Bont Trefechan. Fe allwch chi deimlo'r tensiwn

Dosbarth Anrhydedd Prifysgol Cymru, Aberystwyth, 1965

Y Tywysog Charles a minnau yn y labordy iaith

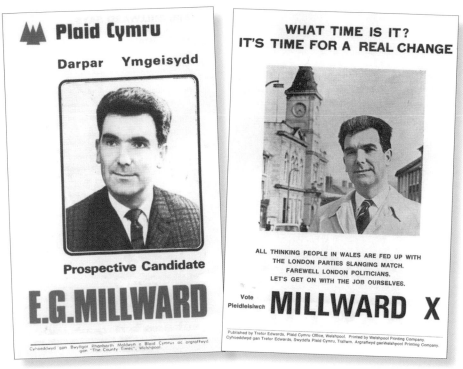

Sefyll dros y Blaid ym Maldwyn yn 1970 – yn barod am y frwydr

Gwynfor a minnau pan oeddwn yn sefyll ym Maldwyn

Siarad â thorf yr SNP yn yr Alban yn y chwedegau cynnar

Ar lwyfan yn annerch, yn fy hwyliau

Minnau, tua 1969

Jamie: Oedd eich diddordeb mewn heddychiaeth a'r iaith Gymraeg wedi datblygu law yn llaw, 'te?

Tedi: Oedd, yn hollol.

Jamie: Ydych chi'n gweld cyswllt rhwng y ddau beth yn uniongyrchol?

Tedi: Ar y dechrau do'n i'n deall dim yn yr ysgol Sul; ro'n i'n canu emynau ond yn deall dim. Bob yn dipyn fe wawriodd arna i beth oedd ystyr ambell beth. Dwi ddim yn cofio pryd yn union, ond ro'n i'n eistedd yno a phopeth yn mynd dros fy mhen fel arfer. Un noson ro'n i'n sylweddoli fy mod wedi deall y bregeth gan R.J. ac roedd hynny'n weledigaeth i mi, ar ddau gyfrif. O'r diwedd ro'n i'n deall beth oedd y dyn 'ma'n ei ddweud. Daeth y ddealltwriaeth ieithyddol ac ysbrydol law yn llaw.

Jamie: Mae 'na sawl un sydd wedi dysgu'r iaith yn sôn am y foment 'na. Mae dealltwriaeth jyst yn dod – yn sydyn reit. Mae nifer o ddysgwyr yn sôn am hwnna.

Tedi: Cyn bo hir ro'n i'n gallu gwneud cyfraniad yn y ddadl fawr oedd yn mynd ymlaen. Roedd hynny'n bwysig iawn.

Y Gymraeg yn Gwawrio

PROSES ychydig yn feithach oedd dod i ddeall y darlithiau Cymraeg a Chymraeg fy nghyd-efrydwyr yn y coleg. Disgynnodd dealltwriaeth yn araf ac erbyn diwedd y flwyddyn gyntaf yr oedd goleuni yn dechrau chwalu'r 'fagddu fawr', chwedl y bardd Goronwy Owen. Erbyn yr ail flwyddyn yn y coleg, yr oedd fy ngham ar y ffordd union yn sicrach o lawer a dyn yn ennill rhywfaint o le yn y gymdeithas Gymraeg. Yr oeddwn wedi dechrau 'tyfu'n Gymro', a defnyddio teitl hunangofiant Elvet Thomas. Yn wir, es ati i farddoni – wel, i brydyddu – yn Gymraeg a chael y pleser o weld ambell gerdd go fodern ei harddull yn ennill y lle anrhydedd yng ngholofn farddol Gwilym R. Jones, golygydd cefnogol *Baner ac Amserau Cymru*. Y cam nesaf yn y coleg oedd hepgor y pynciau eraill a chanolbwyntio ar y Gymraeg. Ni chefais ddim gwrthwynebiad gan fy rhieni. Yr unig gwestiwn a gofiaf yw Mam yn gofyn yn garedig unwaith, a dim ond unwaith: 'Don't you think that studying French would be more useful?' Ond dim gwrthwynebiad o gwbl wedyn. Wedi'r cwbl, Cymry oeddynt, Cymry Merthyr Tudful. Dylwn ddweud fod gennyf ddwy chwaer, Rita a Christine, y naill yn hŷn na mi a'r llall yn iau. Dysgodd y ddwy ychydig o Gymraeg yn Ysgol Uwchradd Cathays ac ni chefais ddim gwrthwynebiad ganddynt hwythau chwaith pan ddechreuais ganolbwyntio ar y Gymraeg.

Ffurfiwyd cymdeithas lenyddol yn yr Adran Gymraeg ar ddechrau tymor 1948 ac anerchodd Saunders Lewis y cyfarfod agoriadol. Wedi hynny bu'r gymdeithas yn cwrdd yn ystafell yr Athro G. J. Williams. O hynny ymlaen, ystafell yr Athro oedd y man cyfarfod fel arfer a byddai hyd at ryw ugain o fyfyrwyr hŷn yr adran yno. Peth braf oedd parodrwydd rhai o'n llenorion a beirniaid fel J. M. Edwards, Aneirin ap Talfan, T. Glynne Davies ac eraill i ddod i annerch dyrnaid o fyfyrwyr yn y modd hwn. Ond anerchwyd hefyd gan aelodau'r gymdeithas. Fe'm hetholwyd yn ysgrifennydd y gymdeithas am y flwyddyn 1949–1950, fy mlwyddyn olaf cyn yr arholiadau gradd. Yn un o'r cyfarfodydd cyntaf yn y flwyddyn hon cafwyd noson o ddarllen a beirniadu cerddi o waith rhai o'r aelodau, a gwelaf i mi fentro cynnig un o'm cerddi i. Yn ôl y llyfr o gofnodion y gymdeithas sydd gennyf, dihangodd y gerdd hon yn weddol ddianaf. Gallaf ddweud fy mod ar y ffordd i ddileu hoff label y Cymry rhugl arnaf i a llawer un arall y pryd hwn, sef 'Sais sy wedi dysgu Cymraeg'. Yr oedd y label yma yn fy nghynddeiriogi, yn dân ar fy nghroen, yn fy hala i'n grac, a defnyddio ymadrodd y Cymry o'm cwmpas. Rhaid diolch bod y label hwn wedi diflannu o'r iaith, o ganlyniad i dwf grymus mudiad y dysgwyr.

Daeth y flwyddyn olaf dyngedfennol i ben. Yr oeddwn wedi gobeithio gwneud yn dda a 'gobaith ni chywilyddia'. Cefais ddosbarth cyntaf, ynghyd â thri arall o'r dosbarth, fy nghyfaill Alwyn Prosser, Vincent Phillips a Brinley Jones. Dywedwyd ein bod yn 'flwyddyn' arbennig a bod y Pennaeth, yr Athro G. J. Williams, yn falch ohonom. Ymarfer dysgu wedyn, oherwydd yr oedd y mwyafrif o raddedigion yn y cyfnod hwnnw yn mynd yn athrawon ac athrawesau, yna dwy flynedd a hanner o ymchwil at radd bellach, sef gradd MA.

Diau na fyddai neb o'm cenhedlaeth i yn synnu clywed mai'r Athro Griffith John Williams oedd y dylanwad academaidd cryfaf arnaf yn ystod y broses hon o ailenedigaeth. Yr oedd G.J., neu Griffith John fel yr adwaenid ef gan fyfyrwyr haerllug – neu Yr Athro, wrth gwrs, pe bai angen mynd i'w bresenoldeb – yn ymgorfforiad o ysgolheictod pur; dyn o ddiwylliant a dysg a chanddo feddwl miniog, cynhwysfawr. Nid gwleidydd ymarferol mohono, er ei fod yn un o'r tri aelod o'r 'drydedd ffrwd' arloesol, chwedl J. E. Jones yn ei lyfr *Tros Gymru*, gyda Saunders Lewis ac Ambrose Bebb, y tri a ffurfiodd 'Y Mudiad Cymreig'. Mae'n chwith meddwl i'r llyfr gwerthfawr hwn ymddangos ryw fis cyn i J.E. farw. Darlithiai G.J. yn gyflym, yn rhy gyflym weithiau, ac yn daer. Yr oedd egni ac afiaith yn y cyflwyniad. Byddai cael ymateb cadarnhaol gan y dosbarth yn rhoi pleser amlwg iddo. Gallai ambell un diegwyddor yn ein plith fanteisio ar y brwdfrydedd hwn er ei les ei hunan. Rhaid cyfaddef i mi fod yn un o'r rheiny, er bod y cam cyntaf yn ddilys ddigon. Yn y flwyddyn olaf ei arfer yn y darlithiau ieitheg oedd gofyn yn herfeiddiol, 'Ble gwelsoch chi'r gair hwn?' Fel arfer, mudandod oedd yn teyrnasu. Ond un diwrnod cofiais i mi ddod ar draws y ffurf dan sylw yn un o gywyddau Dafydd ap Gwilym; dyna a ddywedais a chael ymateb brwd gan yr Athro. Unwaith o leiaf wedyn pan ddywedai fod y gair a'r gair i'w weld yng ngwaith y cywyddwyr, ychwanegodd, 'Yntê, Mr Millward?' A minnau'n ateb yn dalog, 'Ie, Athro.' Erbyn heddiw rwy'n sicr fod peth hiwmor cudd yn y cwestiwn hwnnw. Hynny yw, fe wyddai'r Athro yn iawn beth yr oedd yn ei wneud.

Nid ysgolheica er ei fwyn ei hun a wnaeth G. J. Williams. Dywedais nad oedd yn wleidydd. Ond gwnaeth rywbeth sydd yn amhosibl i'r mwyafrif mawr o wleidyddion. Dangosodd fod yn ein gorffennol ieithyddol, dysgedig a llenyddol ddeunydd cenedl fyw, cenedl a chanddi gyfraniad amheuthun i gymdeithas cenhedloedd y byd; fod y traddodiad a'r gweithgarwch hwn yn rhan anhepgor o'n gwneuthuriad fel cenedl. A heblaw hyn, wrth gwrs, cawsom gyfarfodydd mynych yn y coleg a anerchwyd gan wleidyddion goleuedig fel Wynne Samuel a Gwynfor Evans. Yr oedd gweledigaeth y gwŷr hyn, ac eraill, ynghyd â darllen mwy a mwynhau cymdeithas Cymry Cymraeg, yn fy argyhoeddi fod ennill annibyniaeth i Gymru yn gwbl angenrheidiol i gadw'r genedl yn ei holl amrywiaeth cyfoethog yn fyw ac yn ffyniannus. I mi, wrth gwrs, yr oedd ffyniant y Gymraeg yn ennill lle canolog yn yr argyhoeddiad newydd, er nad oedd, ac nad yw hynny yn golygu cefnu ar yr iaith arall yn ein gwlad. Yr oeddwn eisoes wedi cael blas ar waith Dylan Thomas, er enghraifft, ac yr oeddwn i a rhai cannoedd o gyd-efrydwyr yn brysio i lenwi ystafell ddarlithio fwyaf y coleg i wrando ar ddarlith gan y bardd. Ymddengys iddo gael gwahoddiadau i ddod cyn hyn ond iddo feddwi ar y ffordd o'r brif orsaf i'r coleg. Y tro hwn gofalwyd bod rhai wrth yr orsaf i'w groesawu a chanddynt gar. Daeth y bardd i mewn ac eistedd ar y llwyfan yn edrych yn anfoddog. Yr oedd i fod i ddarlithio ar 'Anglo-Welsh Poetry', ond beth gafwyd yn lle hynny oedd ei glywed yn darllen ei gerddi ei hun. Os oedd yn ceisio talu'r hen chwech yn ôl am ei gadw yn sychedig cyn siarad, fe fethodd yn druenus. Profiad arbennig iawn oedd clywed y llais cyfoethog hwnnw yn cyflwyno 'Poem in October'. Ymhen rhyw dair neu bedair blynedd yr oedd wedi gadael y fuchedd hon.

Yn ystod fy nghyfnod yng Ngholeg Caerdydd hefyd aeth rhai ohonom ati i sefydlu Cymdeithas Ddrama Gymraeg. Yr oeddem o'r farn ei bod yn gywilyddus nad oedd y fath gymdeithas a gweithgarwch dramayddol yn bod yn ein coleg ni. I mi, fel ysgrifennydd cyntaf y gymdeithas, yr oedd bod yn rhan o'r symudiad hwn yn gyfrwng arall i uniaethu â'r bywyd Cymraeg. Aethom ati i lwyfannu drama, sef cyfieithiad i'r Gymraeg o ddrama J. B. Priestley, *An Inspector Calls*. Fe'i troswyd yn fedrus gan Arthur Morris Jones ac ef a gynhyrchodd, gyda pheth help gan un o fyfyrwyr yr Adran Saesneg a oedd wedi treulio peth amser mewn coleg drama yn Llundain. Cafodd y perfformiadau dderbyniad gwresog yn y coleg ac aed â'r ddrama i bedair o drefi'r gogledd i godi arian at y rag. Yr oedd Siân Phillips yn aelod o'r cast. *Fresher* oedd Siân ond yr oedd yn amlwg eisoes ei bod yn prifio fel actores ac yn rhagori ar y gweddill ohonom. Gallaf ymffrostio, felly, i mi actio gyda Siân Phillips oherwydd cefais ran gymharol fach fel y mab ieuengaf. Bu'r gylchdaith yn y gogledd yn llwyddiant mawr. Codwyd cannoedd o bunnau i gronfa'r rag a bu'n brofiad gwerthfawr i mi unwaith yn rhagor. Yn y perfformiad yn nhref Caernarfon cefais esiampl amheuthun hefyd o'r gynulleidfa yn cymryd rhan. Mewn un man yn y ddrama bu'n rhaid i mi godi yn gyffrous o'r bwrdd cinio, mynd i ochr y llwyfan a thanio sigarét. Gan nad oeddwn yn ysmygwr nid oedd hynny'n waith hawdd bob amser, a'r tro hwn aeth y mwg i fyny fy nhrwyn.

Yr oedd un o gonos Caernarfon yn eistedd yn y galeri yn agos iawn ataf ar y llwyfan. Plygodd hwnnw ymlaen a dweud yn hyglyw, 'Sycha dy drwyn, 'ngwas i.' Cyfranogiad cynulleidfa o fath arbennig!

Trawsfynydd a Thröedigaeth

YM MISOEDD olaf 1951, felly, yr oeddwn newydd orffen cwrs hyfforddi'r Adran Addysg yng Nghaerdydd a Chaerffili ac yn cychwyn ar waith ymchwil. Cefais gyfle'r pryd hwn i gymryd rhan yn yr ail eisteddiad gan Blaid Cymru ar y ffordd i mewn i Drawsfynydd lle yr oedd gwersyll milwrol. Amcan yr eisteddiad oedd rhwystro pob trafnidiaeth i mewn i'r gwersyll fel protest yn erbyn bwriad y fyddin i feddiannu miloedd eto o aceri i ymarfer dulliau o ryfela. Yr oedd ffermwyr a phobl y cylch wedi hen wrthwynebu dwyn eu tir a threfnwyd y ddau wrthdystiad gan y Blaid. Cafodd dyrnaid ohonom fynd o Gaerdydd i'r Rhondda a chael mynd oddi yno i ardal Trawsfynydd yng nghar Kitchener Davies. Dyna'r wefr gyntaf – mynd yng nghwmni awdur *Cwm Glo* a *Meini Gwagedd*! Byddai *Sŵn y Gwynt sy'n Chwythu* yn ymddangos yn fuan wedyn. Fel y tystiodd Glyn James, fe drawyd Kitch yn sâl ar y ffordd yn ôl wedi'r eisteddiad ac fel y gwyddys bellach, nid oedd ganddo amser hir cyn y byddai farw. Ar y ffordd i mewn i bentref Trawsfynydd anerchwyd gan Gwynfor Evans a bwysleisiodd mai di-drais yr oedd y brotest i fod, a mynnodd hefyd na ddylai neb ddweud dim ac y dylem adael iddo ef fel arweinydd ddweud unrhyw beth yr oedd ei angen. Gwrthwynebiad disgybledig a di-drais oedd hwn.

Y mae dau beth arall am y weithred hon sydd yn aros yn

glir i'w ryfeddu yn fy nghof. Penderfynodd rhyw swyddog mai'r ffordd i gael gwared ar yr eisteddwyr pryfoclyd hyn oedd eu dychryn trwy yrru lorri fawr atom a chwalu pawb i bob cyfeiriad. Yr oedd Gwynfor a'i dad yng nghyfraith, ynghyd â Waldo Williams a D. J. Williams, yn eistedd gydag eraill yn y rhes flaen. Ni syflodd neb yn y rhes ardderchog honno, er bod y lorri wedi stopio o fewn modfeddi iddynt. Y dacteg nesaf oedd gyrru'r lorri a'i holwynion chwith yn y ffos fel y gallai fynd heibio. Pan welodd Waldo hynny, neidiodd ar ei draed a rhedeg i eistedd dan drwyn y lorri a'i gorfodi i stopio. Bu'r ddau eisteddiad hyn yn Nhrawsfynydd yn llwyddiannus. Nid aeth y fyddin ymlaen i ddwyn rhagor o dir bro Hedd Wyn. Bu hefyd yn wers i'w thrysori i mi. Profais effeithlonrwydd gwrthwynebiad di-drais, disgybledig, mewn cyd-destun cenedlaethol, gydag esiamplau o arwriaeth ddiamheuol yn ei lefeinio. Gallai gweithredu o'r fath droi'r fantol mewn ffordd gwbl newydd.

◆

Jamie: Yr ail eisteddiad yn Nhrawsfynydd oedd un o'ch gweithredoedd gwleidyddol cyntaf. Rydyn ni'n gwybod yr hanes, ond fel *person* sut oeddech chi'n teimlo? Dwi'n gwybod, y tro cyntaf i mi gymryd rhan mewn protest, doedd e ddim yn brofiad cyfforddus.

Tedi: Na, ond mi oedd e'n ysbrydoliaeth. Roedd Gwynfor wedi disgyblu pawb – dim ond fe fyddai'n siarad â phwy bynnag fyddai'n dod atom ni. Gweithred ddi-drais oedd hon hefyd. Doedd dim ots am eich teimladau os o'ch chi moyn ymateb yn gorfforol, ac ro'ch chi'n teimlo fel 'na weithiau! Ro'ch chi'n gorfod derbyn y ddisgyblaeth o weithredu'n ddi-drais ac roedd hynny'n bwysig iawn i fi.

Jamie: Mae'n rhywbeth sy'n cael effaith arnoch chi ac yn eich cryfhau chi fel person.

Tedi: Yn hollol. Roedd wedi fy neffro i i botensial a nerth gweithredu'n ddi-drais.

Jamie: Ife gan Gwynfor a'r Blaid o'ch chi wedi cael eich syniadau am y dull di-drais ac ati? Mae rhai yn crybwyll dylanwadau eraill sy'n bellach i ffwrdd fel Gandhi a Martin Luther King.

Tedi: Wel, ro'n i wedi darllen am Gandhi ond roedd bod yn rhan o weithred ddi-drais eich hun a'i gweld yn llwyddo yn hollbwysig. Llwyddon ni i atal y fyddin rhag cael rhagor o dir yn Nhrawsfynydd yr adeg hynny.

Jamie: Sut oeddech chi'n delio gyda'r adrenalin a'r nerfau?

Tedi: Roedd dylanwad y bobl a oedd gyda chi yn help mawr a gweld nad oedd y rheiny'n neidio i fyny ac ymosod 'nôl. Er bod y swyddogion yn siarad â ni, Gwynfor yn unig oedd yn siarad â nhw a hynny mewn ffordd heddychlon. Roedd pawb law yn llaw a hynny'n mynd yn gryfach wrth i amser fynd ymlaen. Ro'ch chi'n gweld bod y ddisgyblaeth ddi-drais yn gweithio. Ond ro'n ni'n gorfod bod yn barod i ddioddef.

Jamie: Oeddech chi'n poeni am eich gyrfaoedd – 'os bydda i'n cael fy arestio a fydda i'n colli fy swydd?' Oedd hynny'n rhan o'ch ystyriaeth wrth benderfynu gweithredu fel hyn?

Tedi: Roedd hi'n fwy o ystyriaeth i bobl hŷn, efallai. Ar y pryd ro'n i'n dechrau ar waith ymchwil ac yn gwbl annibynnol. Doedd e ddim mor bwysig i fi. Ro'n i'n poeni am fy niogelwch fy hun, wrth gwrs. Dwi'n cofio Alwyn Prosser a minnau'n edrych ar ein gilydd y tro cyntaf y daeth lorri fawr a rhuthro atom yn gyflym iawn gan edrych fel petai'n mynd i'n chwalu ni i gyd. Ydw, dwi'n cofio Alwyn a minnau'n edrych ar ein gilydd ac yn ceisio mesur faint o ffordd oedd hi i'r ffos! Ond stopiodd y lorri o fewn *modfeddi* i'r rhes flaen. Roedd disgyblaeth y rhes flaen, y ddwy res flaen o fawrion y Blaid wedi cael effaith mawr arnaf ac wedi fy nghryfhau: Gwynfor a'i dad yng nghyfraith a J. E. Jones, ysgrifennydd y Blaid. Roedd Waldo wedi neidio i fyny pan welodd lorri yn dod ar un ochr i'r ffordd a'r olwynion yn y ffos gan geisio clirio llwybr i'r gweddill. Do, fe neidiodd i fyny – doedd neb wedi dweud dim byd wrtho, ei reddf fel petai'n gweithredu – ac aeth i eistedd o dan drwyn y lorri, yn llythrennol.

Jamie: Sut oedd eich mam a'ch tad yn ymateb i hyn?

Tedi: Wel, ro'n nhw'n derbyn. Ro'n nhw'n falch 'mod i'n
saff a do'n nhw byth yn dweud dim byd yn erbyn
hynny, chwarae teg. Ond doeddwn i ddim yn siŵr
am eu barn nhw.

◆

Cyn bo hir, profais drobwynt arall o bwys. Nid pregethu
heddychiaeth yn uniongyrchol a wnaeth y Parch. R. J. Jones o'i
bulpud, yn hytrach roedd yn rhan annatod o'i bregethu. Fe'm
cefais fy hun yn gorfod wynebu'r her mewn cymdeithas yr oedd
gorfodaeth filwrol yn dal mewn grym ynddi. Yr oedd ugeiniau
lawer o gyn-filwyr yng Ngholeg Caerdydd yn ystod y cyfnod
hwn ac un aelod o'r dosbarth anrhydedd wedi gwasanaethu am
chwe blynedd yn y Llu Awyr. Yr oedd heddychiaeth yn bwnc
trafod a dadlau cyffredin y pryd hwn. Bu'n rhaid i mi gefnu ar
filitariaeth bitw fy machgendod a meddwl yn hir ac o ddifrif
ynglŷn â mater gwasanaeth milwrol a oedd, fel y dywedais, yn
dal mewn grym. O'r diwedd, sylweddolais nad oedd gennyf
ddewis ond derbyn yr her a chofrestru fel gwrthwynebwr
cydwybodol. Gwnaeth Alwyn Prosser a Bobi Jones yr un peth
– y tri ohonom yn gyn-ddisgyblion o Ysgol Uwchradd Cathays
ac yn aelodau o Eglwys Gynulleidfaol Minny Street. Caniateid
'estyniad' i fyfyrwyr ond iddynt gofrestru yn flynyddol cyn
graddio, ac yr wyf yn cofio hyd y dydd hwn yr olwg syn ar
wyneb y Cofrestrydd pan soniais am fy mwriad. Wedi'r cwbl,
'aircrew' oedd fy newis cyson cyn hynny! Bu'n rhaid llunio
datganiad byr o gredo ac ymddangos gerbron panel, tribiwnlys,
i argyhoeddi'r aelodau o ddidwylledd y gwrthwynebwr. Yr

oedd dedfrydau amrywiol yn bosibl dan y gyfraith: rhyddhad diamod; rhyddhad amodol; neu wrthodiad llwyr a charchariad. Cafwyd cefnogaeth lwyr gan y gweinidog, wrth reswm, ac fe ofynnodd am gael gweld drafft o'm gwrthwynebiad a oedd i'w gyflwyno ymlaen llaw i'r tribiwnlys. Yn fy achos i, yr oedd y datganiad yn ddeublyg: yn grefyddol (er fy mod yn brysio i ddweud nad oeddwn yn honni bod yn sant o unrhyw fath) ac yn genedlaetholgar, a minnau yn genedlaetholwr newydd sbon. Darllenodd R.J. y gwrthwynebiad a gofyn i mi wedyn pa un o'r ddau bwynt oedd yr un sylfaenol. Bu'n rhaid i mi ateb, wedi pledio amherffeithrwydd fel Cristion, mai'r gwrthwynebiad crefyddol oedd y cyntaf a'r un sylfaenol na allwn ddianc rhagddo. 'Wel,' meddai R.J., 'dwi'n credu fod hynny'n eithaf digon.' Bu'n rhaid cytuno, er fy mod yn benderfynol i wrthod pob 'gwasanaeth arall', gan gredu – yn haerllugrwydd ieuenctid, efallai – nad oedd gan y llywodraeth yr hawl i orchymyn i mi ufuddhau i'r fath ddedfryd. Fe wyddai R.J., mae'n siŵr, o'i brofiad hir gyda gwrthwynebwyr cydwybodol, mai ychydig o gydymdeimlad a gâi cenedlaetholwr gan y tribiwnlys. Yn nes ymlaen cafodd Emrys Roberts, o'r un ysgol uwchradd â mi, a Chris Rees dreulio peth amser yn y carchar am wrthwynebu fel cenedlaetholwyr. Er hynny, yr oeddwn yn gwbl barod i gael fy nhaflu i un o gelloedd dyfnaf a thywyllaf carchar ei Fawrhydi.

Mam a 'Nhad oedd yn poeni fwyaf, er na chefais ddim gwrthwynebiad o unrhyw fath ganddynt unwaith yn rhagor. Gwirfoddolodd fy nhad yn 1916 cyn dyddiau gorfodaeth, a dywedodd wrthyf un tro iddo sylweddoli, ar ôl rhyw hanner blwyddyn yn Ffrainc a Gwlad Belg, mai ofer oedd y cwbl.

Daeth dydd yr holi a'r cof am y prawf wedi cilio braidd. Fe wn i mi beri cryn ddiflastod i'r unig wraig ar y panel (aelod o Gyngor Dinas Caerdydd, yn ôl pob tebyg), ond yr oedd holi'r gweddill yn drwyadl heb fod yn ddiamynedd nac yn gas. Er mawr syndod i mi fe'm rhyddhawyd yn ddiamod – ac Alwyn a Bobi yr un fath. Mae'n rhaid i mi sôn am un dylanwad mawr arall arnaf a'm harweiniodd i wrthwynebu – ar wahân i ddylanwad pregethu R.J. – sef darllen y golygiad newydd o lyfr G. H. C. Macgregor, *The New Testament Basis of Pacifism*, llyfr ardderchog yr wyf yn ei drysori hyd y dydd hwn.

Gwaith arall y mae'n rhaid i mi sôn amdano yn y cyfnod hwn yw *Cysgod y Cryman*, nofel gyntaf Islwyn Ffowc Elis. Fel llawer un arall cefais flas anghyffredin ar y nofel hon. Fe wyddwn, wrth gwrs, am nofelau Daniel Owen, ac *O Law i Law* gan T. Rowland Hughes a gyhoeddwyd cyn diwedd y rhyfel. Ond i fyfyriwr yn ei ugeiniau cynnar cyfoesedd gwaith Islwyn Ffowc oedd ei apêl ddiamheuol, problemau gŵr ifanc o Gymro. Fe deimlwn fod *Cysgod y Cryman* yn llenwi bwlch yn llenyddiaeth Cymru ac yn dangos bod i'n llenyddiaeth le o bwys yn y byd modern.

Ymchwil a Thu Hwnt

C EFAIS BROFIAD gwerthfawr arall yng nghyfnod yr ymchwil tuag at MA sydd yn dal yn fyw iawn yn y cof. Deuthum ar draws enw cofiant gan Eben Fardd, meddid – bywyd a gwaith Eben oedd testun y traethawd ymchwil – na wyddwn ddim amdano. Cofiant Robert ap Gwilym Ddu ydoedd yn ôl y cyfeiriad a welais, darganfyddiad gwerthfawr dros ben. Soniais am yr anhawster wrth siarad â'r Athro. 'O,' meddai Griffith John, 'fe wna i drefnu i chi gwrdd â Bob Owen. Bydd e'n gwybod.' Ysgrifennodd yr Athro ato ac i ffwrdd â mi, braidd yn bryderus, rhaid cyfaddef, oherwydd yr oeddwn wedi clywed sawl stori gyffrous am y cymeriad arbennig hwnnw.

Nid oedd rhaid i mi ofni. Cefais groeso mawr gan Bob ac eistedd wrth y bwrdd te gydag ef a Mrs Owen. Dyna lle'r oedd yn bloeddio siarad a'i iaith yn rhyfeddol o nerthol a rhugl – ac yn lliwgar ar brydiau. 'Bob,' meddai ei briod hawddgar yn amyneddgar, 'paid â rhegi o flaen y bachgen.' Ond y gwir yw bod y bachgen wrth ei fodd. Dywedodd wrthyf fod ganddo gofiant gan Eben Fardd yn coffáu rhyw Robert Griffiths o Fwlchderwin, 'pregethwr ieuanc gyda'r Trefnyddion Calfinaidd', ond ei fod wedi methu rhoi ei law arno ar y pryd. Nid dyna'r cwbl ychwaith. Cefais dri llythyr ganddo wedi hyn yn rhoi llawer o wybodaeth am Eben Fardd a'i waith ac un yn cynnwys copi o'r cofiant gan Eben Fardd, er mawr syndod i'r

Athro G. J. Williams. Ar ben hyn oll yr oedd yn traethu barn am ambell gyfoeswr yn y llythyrau hyn. Dyma ei sylwadau am John Glyn Davies, y bardd a'r ysgolhaig a fu'n ddarlithydd ac wedyn yn Athro yn Adran Geltaidd Prifysgol Lerpwl:

> Y mae'r rhan fwyaf o rigymau diddorol Proff Glyn Davies ym meddiant fy nghyfaill J. O. Williams Bethesda, ond ofnaf y bydd raid i Glyn druan farw cyn y byth eu cyhoeddir – dyn ffyrnig iawn wrth broffeswriaid Coleg Bangor yw Glyn – nid oedd ganddo eirda i Syr John Morris Jones na Syr J. E. Lloyd na J. H. Davies, Principal Coleg Aberystwyth a chwipiai hwynt yn chwyrn mewn llythyrau at ei gyfeillion. Mae gennyf fi lawer o'i farddoniaeth, ond ni feiddiwn ddod â hwy i olau dydd ar hyn o bryd, maent yn rhy ddeifiol o bobl a gyfrifir yn benaethiaid yng Nghymru. Bu Saunders Lewis yn ddisgybl iddo yn adran Gymraeg Lerpwl. Creadur ofnadwy yw Glyn, athrylith ddiamheuol wedi pasio ei 80. Yr wyf yn digwydd bod yn un o'i ychydig ffrindiau.
>
> Cofion chwilboeth,
> Bob Owen

Dyry'r dyfyniad hwn ryw flas o'r sgwrsio mawr fu rhyngom, neu o leiaf y math o sgwrsio a glywais gan Bob. Yr wyf yn trysori'r cof amdano a'i barodrwydd i fynd ati i hybu gwaith dieithryn o ganol ei brysurdeb diamheuol ac adnabyddus. Yr oedd gwrando arno'n siarad mor ysgubol o rugl ac yn bytheirio mor lliwgar – heb falais – yn peri fy mod yn cael gweledigaeth werthfawr arall ar gyfoeth y bywyd Cymraeg. Ni allaf ond diolch iddo a gofyn iddo roi llonydd weithiau i drigolion y byd arall.

Erbyn dechrau 1954 yr oeddwn yn tynnu tua diwedd y cyfnod ymchwil tuag at MA. Aros yr oeddwn am y copïau teipiedig o'r atodiad yng nghefn y gyfrol. Mewn gwirionedd, yr oeddwn wedi blino'n lân ar ôl aberthu cryn dipyn o gwsg i gywiro'r tudalennau teipiedig a'u cael yn ôl yn berffaith cyn rhoi'r cwbl i'r rhwymwr a rhoi'r traethawd yn llaw'r arholwr o fewn y terfynau amser penodedig. Ond rhaid oedd mynd at yr Athro G. J. Williams i ddweud yr hanes a dyma fynd i'w weld yn ei ystafell yng Ngholeg Caerdydd. A phwy oedd yn eistedd yn y cornel ond Saunders Lewis a oedd erbyn hynny yn aelod o staff Adran y Gymraeg, trwy ddylanwad tra chanmoladwy G.J. 'Dyma Mr Millward,' meddai'r Athro yn ei ddull brwdfrydig, 'sydd wedi gorffen ei ymchwil ar Eben Fardd a bydd yn cynnwys dyddiaduron Eben Fardd yn ei ail gyfrol.' Mae'n rhaid bod Saunders Lewis wedi gweld yr ymchwilydd bychan syfrdan, blinedig, yn gwelwi ac yn dechrau dangos nodweddion sterics wrth glywed y newydd cwbl annisgwyl hwn, a fyddai wedi golygu blwyddyn neu ddwy arall o waith heb sôn am gost y teipio. 'O,' meddai Saunders yn ei lais bach, 'yr ydych yn meddwl am yr amser a'r gost, ydych chi, Mr Millward?' Hyd y dydd hwn yr wyf yn cofio'r llafariad hir yn y gair 'gost'! Ni allwn ond cytuno'n grynedig a diolchgar a chafodd yr Athro ddigon o ras i dderbyn barn Saunders a derbyn y dyfyniad byr o'r dyddiadur mewn un cyfnod o bwys ym mywyd y bardd a gynhwyswyd yn yr atodiad. Dyna paham na fyddaf byth am glywed gair o feirniadaeth yn erbyn y dyn, Saunders Lewis.

Wedi'r ymchwil cefais fynd fy ffordd fy hunan a chrwydro am rai blynyddoedd yn y gogledd a'r de. Bûm yn Adran

Addysg Coleg y Brifysgol, Bangor am ychydig flynyddoedd fel 'ymchwilydd cynorthwyol' yn casglu deunydd am agwedd disgyblion at y Gymraeg yn Ysgol Gyfun Llangefni. Ym Mangor dyma gwrdd â Tom Davies, y diweddar J. T. Davies, gwaetha'r modd, a oedd yn dysgu ymarfer corff a hanes yn Ysgol y Friars ac a fu wedyn yn bennaeth Adran Chwaraeon Radio Cymru. Yr oedd Tom, fel minnau, wedi dysgu Cymraeg ar ôl cael magwraeth Saesneg. Nid testun syndod i neb yw dweud ein bod yn gwbl gytûn ynghylch sicrhau dyfodol iach i'r iaith. Cyn bo hir penderfynwyd sefydlu cymdeithas a chyhoeddi cylchgrawn, *Welsh Unity*, i geisio cynorthwyo'r Cymry na fedrent yr iaith i ddysgu am y bywyd Cymraeg. Buom yn ddigon ffodus i gael Syr H. Idris Bell yn llywydd, ac fel hyn yr ysgrifennodd y gŵr arbennig hwn ar ôl trafod yr anwybodaeth fawr ynglŷn â gorffennol a phresennol bywyd y Gymraeg:

> All this is, I repeat, deplorable. It is to remedy this state of affairs that the movement called 'Welsh Unity' has been formed. The very title indicates its most important aim, which is to bring together those whose birthright is the Welsh language and those who grew up without a knowledge of it, or, having perhaps spoken it in early childhood, have since lost it. It is a unifying, a reconciling movement, intending to obliterate the division which has arisen within the Welsh nation, to make the national heritage truly national, not merely the privilege of a minority.

Dyna fynegiant croyw a chofiadwy o'n hamcan. Fe weithiodd y ddau ohonom yn galed a llwyddo i gynhyrchu tri rhifyn o'r cyfnodolyn, ond yr oedd yn ormod o dasg i ddau a oedd hefyd yn gorfod gweithio i ennill crwstyn. Fe ddysgwyd yn fuan hefyd bod cynhyrchu cylchgrawn yn gostus heb gefnogaeth – nid oedd y Cyngor Llyfrau yn bod eto – er i ni gael peth cefnogaeth ariannol gan y miliwnydd o Gymro o Fogotá, Hywel Hughes, bendith arno, a chawsom gyfranwyr i'r cylchgrawn nad oeddynt yn mynnu tâl. Ar ben hyn oll, swydd dros dro oedd y penodiad ym Mangor a symudais yn ôl i'r de i weithio yng Ngholeg Addysg y Barri lle gofynnwyd am rywun i ofalu am y myfyrwyr Cymraeg, gyda pheth gwaith ym maes y ddrama. Coleg i ferched oedd y coleg hwn. Rhaid cyfaddef i mi ddod i mewn i'r sesiwn gyntaf yn teimlo braidd yn betrusgar ond nid oedd rhaid i mi ofni. Merched hyfryd oeddynt ac athrawesau ardderchog gydag adran hyfforddi dda yn gefn iddynt. Ym maes y ddrama gallwn ddweud wrth y pwyllgor dewis i mi fod yn aelod brwd o gwmni bychan yng Ngholeg Caerdydd gynt a aeth ati i sefydlu Cwmni Drama Cymraeg a chyflwyno *Yr Inspector* gan J. B. Priestly. Ym Mangor wedyn cefais ran yn *Nos Ystwyll*, cyfieithiad J. T. Jones o *Twelfth Night*. John Gwilym Jones oedd y cyfarwyddwr ac yr oedd ei wylio wrth ei waith yn addysg werthfawr. Cyflwynwyd y ddrama yn ystod wythnos yr Eisteddfod Genedlaethol. Dyna fy nhipyn profiad ym maes y ddrama a oedd, mae'n amlwg, yn ddigon i fod yn dderbyniol.

Blwyddyn Brysur

Blwyddyn Lawn prysurdeb oedd hon, a daeth yn brysurach eto oherwydd datblygiad annisgwyl. Yr oeddwn i'n gwbl fodlon ac yn edrych ymlaen, mewn gwirionedd, at gryn nifer o flynyddoedd yng Ngholeg y Barri. Yr oedd datblygiadau o bwys yn yr arfaeth – y coleg ar fin ehangu i gynnwys dynion ifainc yn fyfyrwyr a phwyslais ar ehangu cynnwys a chodi safon y cyrsiau. Yr oedd blynyddoedd o waith diddorol a buddiol o'm blaen. Yna, yn ystod yr ail dymor, daeth galwad ffôn o Goleg y Brifysgol, Abertawe yn dweud bod swydd yn yr Adran Addysg yr oedd yr adran wedi methu ei llenwi ar ôl ymddeoliad Mati Rees. Swydd i ddysgu graddedigion trwy'r Gymraeg yn unig oedd hi. A oedd gennyf ddiddordeb? Wel, oedd yn wir, ond fel newyddian yn y Barri cefais ddigon o ras i deimlo embaras go fawr. Daeth gwahoddiad i fynd i Abertawe i gael cinio canol dydd gyda'r Prifathro, John S. Fulton. Gweinyddwr tra galluog a gŵr o bersonoliaeth gref oedd Fulton. Gall rhai gweinyddwyr fod yn bobl ddiddychymyg a diweledigaeth. Nid un felly oedd Fulton. Dan ei arweiniad ef yr oedd Coleg Abertawe yn dechrau ehangu ac ennill mwy o le ym maes dysg ac ymchwil, a chyn bo hir aeth i Brifysgol Sussex i wneud gwaith cyffelyb. Holodd fi yn ddigon moesgar am fy mhrofiad a dweud yn fyr am y swydd. Ond mae'n amlwg nad oedd yn ddyn i ddweud na wrtho. Mentrais ddweud nad oeddwn erioed wedi cael profiad hir fel athro, er fy mod wedi dilyn y cwrs hyfforddi ar ôl graddio ac wedi gweithio gyda phlant a myfyrwyr ym Mangor a'r Barri. 'O,' meddai ar unwaith, 'os ydych yn poeni am hynny fe allwch gael blwyddyn neu ddwy yn rhydd ar ôl eich penodi i gael rhagor o brofiad fel athro.' Ac fe'i credais! Cefais ginio arall gyda'r Athro Addysg, Charles Gittins, gŵr hynaws a hoffus, ac addysgydd o brofiad ymarferol eang dros ben. Yr oedd ganddo weledigaeth werthfawr ynghylch addysg Gymreig a Chymraeg ac ef yn bennaf oedd awdur yr adroddiad swyddogol *Addysg Gynradd Cymru* (1967), adroddiad Gittins fel y gelwid ef. Pa obaith oedd gennyf i wrth ymwneud â dau ŵr o'u maintioli hwy? Cytunais i ymuno ag adran Gittins. Yr oeddwn yn gofalu, wrth gwrs, i ddweud wrth Brifathrawes Coleg y Barri am bob cam yn y datblygiad annisgwyl hwn ond cuchio a dannod oedd ei hymateb hi. Nid felly gwragedd y staff, a rhywfodd neu'i gilydd yr oedd merched yr ail flwyddyn wedi clywed y stori hon a buont yn ddigon hy i ofyn i mi fwy nag unwaith am y datblygiadau diweddaraf! Rhaid cyfaddef fod y diddordeb cyfeillgar hwn yn gysur i mi.

Ymlaen â mi i Abertawe. Cyn bo hir dysgais fod rhyddid llwyr gan bawb i ddatblygu ei gyrsiau. Anfynych y gwelsom yr Athro a oedd wrthi yn dra phrysur yn paratoi ei adroddiad ar addysg gynradd yng Nghymru. Byddai'n dod yn ôl i'w adran yn awr ac yn y man, ac wedi iddo ymddangos rhaid oedd cynnal cyfarfod staff. Cais y Pennaeth bob tro oedd: 'Put me in the picture', a phob aelod yn sôn am ei weithgarwch. Braf oedd cael y rhyddid llwyr hwn ac yr oedd hefyd yn foddion i greu teimlad cryf o gyfrifoldeb ac ymddiriedaeth. O'm rhan fy hun, er fy mod yn gyfrifol am fyfyrwyr Cymraeg eu hiaith, ni allwn gael gwared â phwnc a phroblem yr ail iaith. Yn ystod fy amser yn Abertawe trefnais gyfres o ddarlithiau cyhoeddus am y gwahaniaeth rhwng yr iaith lafar a'r iaith lenyddol a oedd yn fynych yn baglu dysgwyr. Yr oedd y gwahaniaeth hwn wedi bod yn faen tramgwydd i mi ar fy nhaith lafurus o gyfnod a chyflwr 'dysgwr'. Cafwyd ymateb brwd i'r darlithiau gan nifer o wŷr hyddysg, ac yn sgil eu cyfraniad hwy lluniwyd panel o rai'r un mor hyddysg dan gadeiryddiaeth yr Athro Stephen John Williams, Athro'r Gymraeg yn y coleg. Amcan y panel hwn, a defnyddio geiriau'r Athro Gittins yn y llyfryn a gynhyrchwyd, oedd:

> ceisio pontio'r bwlch sydd rhwng yr iaith lenyddol a'r iaith lafar a chynnig i'r ysgolion iaith lafar safonol a fyddai'n dderbyniol drwy Gymru gyfan i'r Cymry Cymraeg a'r 'dysgwyr'.

Rhoddwyd croeso i'r amcanion hyn er gwaethaf ymdrech ambell un i gamddehongli'r hyn a gynigiwyd. Er enghraifft, lle bo dewis rhwng dwy ffurf dywedwyd gennym y dylai'r ysgol neu'r ardal benderfynu ar un ffurf a glynu wrthi. Yn wir, cafwyd awgrym hefyd fod rhai ffurfiau sydd yn gyfarwydd ar lafar gwlad, ond heb eu cydnabod yn yr iaith lenyddol, yn haeddu cael eu derbyn. Hynny yw, canllawiau oedd y rhain yn ymwneud â'r ferf, yr ansoddair a'r arddodiad, nid gorchmynion caeth. Am wythnosau lawer bu dadlau brwd ar ddudalennau *Y Faner* ac yr oeddwn yn falch dros ben i weld cyfraniadau cefnogol athrawon a oedd yn gorfod ymgodymu â dysgu Cymraeg fel 'ail iaith' – gwneud gwaith ymarferol gyda'r dysgwyr, ac nid ymroi i draethu am hoff syniadau ieithyddol.

Difyr a buddiol hefyd oedd darllen am agweddau athrawon oedd yn cyflwyno Ffrangeg – ym Mhrydain ac yn Ffrainc.

Ysgrifennydd y panel hwn oedd y Brinley Jones, cyd-aelod o'n dosbarth anrhydedd yng Nghaerdydd, a'm dilynodd i yn Abertawe. Ie, symud eto a wnes ac ar fy ngwir, symud yn annisgwyl drachefn ar ôl dwy flynedd brin. Yn ystod yr ail flwyddyn hysbysebwyd swydd newydd yn Adran Gymraeg Coleg y Brifysgol, Aberystwyth. Crëwyd cwrs newydd yn ysgolion uwchradd Cymru ar gyfer disgyblion 'ail iaith'. Byddai angen rhywun i ofalu am y rhai a fynnai ddod i'r adran ac yr oedd y cof am y modd y cefais i fy nhaflu gynt i ffwrn y siaradwyr Cymraeg yn dal yn fyw. Yn wir, Adran Gymraeg Coleg y Brifysgol, Aberystwyth, dan arweiniad goleuedig yr Athro Thomas Jones, oedd yr unig adran brifysgol i ymateb i'r her y pryd hwnnw. Ni allwn lai na chynnig am y swydd newydd hon, ond cyn hynny rhaid oedd mynd at yr Athro Gittins i fynegi fy anesmwythyd. Nid oedd rhaid i mi bryderu; ni chefais ddim gwrthwynebiad ganddo. Ceir cofnod amdano yng Ngwyddoniadur yr Academi Gymreig (2008) a gwelaf i mi ychwanegu ar ei ôl: 'Gŵr hynaws, gwaraidd'. Dymunodd bob llwyddiant i mi.

◆

Jamie: Mae gen i ddiddordeb yn sut mae pobl yn dysgu'r iaith. Dwi'n dysgu Cymraeg i oedolion ym Merthyr ac wedi gwneud hynny am ddeng mlynedd nawr. Aethoch chi ar y daith 'ma o amgylch Cymru pan oeddech chi yn yr ysgol.

Tedi: Do.

Jamie: Ife profiadau fel hynny sy'n bwysig o ran caffael yr iaith?

Tedi: Ie, oherwydd yn fy amser i doedd dim pwyslais ar yr iaith lafar nac ar gael pobl i siarad fel rydych chi'n ei wneud, dwi'n siŵr. Dysgu enwau, dysgu berfau, ond doedd dim pwyslais iachus ar siarad yr iaith. Roedd yn un o bynciau'r ysgol fel pob pwnc arall. Roedd y daith honno wedi helpu, mae'n siŵr. Cofiwch, roedd 'na gefndir yng ngramadeg y Gymraeg gen i, ro'n i'n deall beth oedd yn digwydd yn yr iaith ond yn methu siarad.

Jamie: Oeddech chi'n rhoi mwy o bwyslais ar siarad pan oeddech chi'n dysgu eraill?

Tedi: Oeddwn, ro'n i'n darlithio, yn gyfrifol am ddysgu'r myfyrwyr ail iaith ac roedd hynny'n beth newydd yn y coleg. Doeddwn i ddim yn defnyddio'r Saesneg gyda nhw o'r dechrau; ro'n i'n cyfieithu ambell beth, wrth gwrs, ond ro'n i'n siarad Cymraeg â nhw a'u cael i siarad â'i gilydd. Roedd 'na wallau, ond dim ots, torri'r iâ a siarad yr iaith fel pawb arall oedd yn bwysig.

Jamie: Mae 'na ddadl ar hyn o bryd am beth sydd bwysicaf – cywirdeb iaith neu siarad yr iaith heb boeni am y gwallau. Oes rhaid cael cywirdeb iaith?

Tedi: Oes, dwi'n credu. Mae angen cywiro pobl yn gwbl naturiol, dweud wrthynt beth sy'n iawn heb ddweud y drefn.

Jamie: Roeddech chi'n allweddol wrth drefnu cyrsiau Cymraeg llafar, roeddech chi wedi ysgrifennu'r canllawiau ar eu cyfer.

Tedi: Ro'n i'n rhoi mwy o bwyslais ar siarad y Gymraeg ac yn annog y myfyrwyr i ymuno â'r gymdeithas Gymraeg a chymysgu gyda Chymry Cymraeg. Ond roedd pwyslais academaidd yn y cwrs hefyd, roedd rhaid dysgu am lenyddiaeth Gymraeg.

Jamie: Rwy'n siŵr eich bod chi'n un o'r arloeswyr o ran defnydd cymdeithasol a defnydd llafar o'r Gymraeg. Eich gwaith cychwynnol chi a phobl fel Bobi Jones sydd wedi arwain at Gymraeg i Oedolion heddiw.

Tedi: Doedd dim digon o bwyslais ar siarad Cymraeg llafar da yn yr ysgol nac yn y coleg. Pan es i i'r Adran Gymraeg yng Nghaerdydd doedd dim paratoad arbennig ar fy nghyfer i, *sink or swim* oedd hi. Ond roedd hwnna'n brofiad da, roeddech chi'n mynd i ganol Cymry Cymraeg oedd yn siarad iaith arall i chi. Mae'n bwysig iawn bod dysgwyr yn mynd yn rhan o'r bywyd Cymraeg ble bynnag maen nhw.

Jamie: Beth oedd agwedd y Cymry Cymraeg tuag at y dysgwyr – oedden nhw'n groesawgar?

Tedi: O, yn hollol groesawgar. Dwi'n cofio iddyn nhw drefnu i fi weld yr Athro Jarman unwaith yr wythnos. Roedd e'n darllen o lyfr gramadeg. Doedd dim cliw, dim syniad gan Jarman sut i ddelio â rhywun fel fi ac roedd yr oriau gyda fe yn hollol ofer a dweud y gwir.

Jamie: Holl bwynt dysgu yw cymryd rhan yn y byd Cymraeg.

Tedi: Mae siarad yn hollbwysig – dim ots am y gwallau a'r geiriau Saesneg, rydych chi'n gallu'u cywiro nhw. Eu cael nhw i fynegi eu hunain yn yr iaith yw'r peth.

Bywyd Aber

YR OEDDWN yn edrych ymlaen yn fawr iawn unwaith eto at y swydd newydd. Ni ddaeth yr un myfyriwr ail iaith i'r coleg yn Aberystwyth am ddwy flynedd gan nad oedd y cwrs newydd yn yr ysgolion wedi ymsefydlu. O'r herwydd cefais gyfle i baratoi tri chwrs a gofalodd yr Athro am gael hyd i ambell gwrs arall i'm cadw yn brysur. Gwaith caled oedd cadw ar y blaen i ddosbarth yn yr ail flwyddyn wrth gyflwyno testun Cymraeg Canol *Buchedd Dewi*. Cyn bo hir, priodais â merch ddi-Gymraeg a gafodd ei haddysg uwchradd yn Lloegr, ond aeth ati i ddysgu'r iaith. Cawsom ddau blentyn, Andras a Llio. Bu'r ddau ohonynt yn mynychu capel Cymraeg Seion, a chawsant eu haddysg yn gyfan gwbl yn Gymraeg yn Ysgol Gymraeg Aberystwyth ac Ysgol Uwchradd Penweddig. Yr oeddwn yn diolch i'r drefn fod y cyfleusterau hyn ar gael mor rhwydd, ac yn mawrygu hefyd ymdrechion cynifer o Gymry'r cylch i sicrhau patrwm o addysg Gymraeg ar gyfer ein plant.

◆

Jamie: Alla i fynd 'nôl at rywbeth teuluol? Yn fy nheulu i rydyn ni wedi newid iaith y teulu yn y deg neu bymtheg mlynedd diwethaf. Roedd e'n gartref Saesneg pan o'n i'n tyfu lan ond nawr mae Mam a Dad a'r brodyr a chwiorydd i gyd yn siarad Cymraeg. Rydych chi'n sôn tipyn bach amdanoch chi'n priodi a'r plant yn mynd i ysgol Gymraeg. Doedd eich gwraig ddim yn siarad Cymraeg?

Tedi: Nac oedd, ond roedd hi'n fodlon dysgu ac fe ddysgodd yn dda iawn ac yn gyflym iawn.

Jamie: Ar ôl iddi ddysgu, ife Cymraeg o'ch chi'n siarad fel teulu?

Tedi: Ie, Cymraeg ro'n ni'n ei siarad yn nghlyw y plant ond roedd fy ngwraig yn siarad Saesneg gyda fi weithiau i egluro beth roedd hi'n ei feddwl. Ond, ie, Cymraeg oedd prif iaith y teulu. Doeddwn i byth yn siarad Saesneg â'r plant.

Jamie: Mae hynny'n ysbrydoliaeth i deuluoedd eraill. Ar ôl dwy neu dair cenhedlaeth roeddech chi wedi newid iaith y teulu 'nôl i'r Gymraeg. Mae'n bwysig nodi hynny.

Tedi: Mae hynny'n wir. Ond roedd hi'n haws mewn lle fel Aberystwyth. Roedd digon o Gymraeg yn y cylch a phob math o bethau'n mynd ymlaen yn Gymraeg – canu, cystadlu, eisteddfodau, roedd yr holl fywyd yna yn help mawr a dweud y gwir. Roedd Llio, fy merch, ac Andras, fy mab, yn derbyn hynny fel rhan naturiol o fywyd.

Jamie: Mae'n gas gen i'r derminoleg 'Cymry Cymraeg' neu 'iaith gyntaf ac ail iaith'. Ble mae'r llinell? Dwi ddim yn credu'i bod hi'n helpu i wahaniaethu rhwng y ddau beth, mae pawb ar ryw *continuum*.

Tedi: Yn gwmws. Llaw fer yw e nad yw'n disgrifio rhyw
       lawer a dweud y gwir, ond mae cael eich magu yn
       Gymraeg yn gymorth mawr.

◆

Ond cyn pen dim dyma gyffro annisgwyl arall. Y rhan
gyntaf o'r cyffro – a chafodd llawer un arall yr un ias – oedd
clywed darllediad Saunders Lewis, *Tynged yr Iaith*, ar 13
Chwefror 1962. Yr oedd y darllediad hwnnw yn her ac yn
ysbrydoliaeth i'r genhedlaeth iau yng nghanol yr ugeinfed
ganrif. Ond cyn dweud dim arall, rhaid dweud nad oeddwn
yn cytuno â phob dim yn y darllediad. Dangosodd Saunders
ei fod yn cytuno â'r Athro Brinley Thomas mai'r Chwyldro
Diwydiannol 'a gadwodd yr iaith Gymraeg yn fyw' yn
ail hanner y bedwaredd ganrif ar bymtheg, symleiddiad
camarweiniol a dweud y lleiaf. Ysgrifennais erthygl yn y
Welsh Nation ryw flwyddyn a hanner cyn *Tynged yr Iaith* i
awgrymu, yn wir i ddangos, fe faentumiwn i, bod hynny yn
symleiddiad. Anghywir hefyd oedd dweud na chododd neb i
fynnu hawliau i'r Gymraeg yn Oes Victoria. Yn wir, eir ymlaen
yn y darllediad i ddangos nad felly yr oedd hi. Ac mae'n siŵr
na chyfyd neb heddiw a fyddai'n barod i gytuno mai polisi
ar gyfer mudiad yn yr ardaloedd 'y mae'r Gymraeg yn iaith
lafar feunyddiol ynddynt' yn unig oedd yr angen. Profa hanes
diweddar yr Eisteddfod Genedlaethol fod Saunders yn bell o'r
marc pan haerodd fod agwedd cynghorau lleol yn ne Cymru
at yr ŵyl yn gwbl elyniaethus. Yn olaf, yr oedd dweud wrth
Blaid Cymru fod 'yr iaith yn bwysicach na hunanlywodraeth'

yn destun syndod a siom i mi. Eto i gyd, mae'n wir fod *Tynged yr Iaith* yn hwb gwefreiddiol i bawb a oedd yn awyddus i fynnu hawl gyfreithiol i'r Gymraeg. Yr oedd barn Saunders Lewis, un o sylfaenwyr Plaid Cymru, gŵr o fri a phwysigrwydd cwbl arbennig fel llenor ac ysgolhaig, a gŵr a aberthodd ei ryddid trwy fentro i dorri'r gyfraith dros gymuned Gymraeg, yn ysbrydoliaeth ac yn her i'r genhedlaeth ifanc.

Wedi dweud hynny, rhaid dweud hefyd fod myth mawr wedi tyfu ynghylch y darllediad cyffrous hwn. Yn ôl y myth disgynnodd *Tynged yr Iaith* o'r nef, fel petai, ac ysbrydoli cenhedlaeth gwsg i weithredu dros y Gymraeg, ac mae'n fyth a gadwyd yn fyw gan haneswyr a ddylai wybod yn well a chan y cyfryngau cyhoeddus. Bydd rhai yn hoff o godi ambell ddyfyniad o'r darllediad ond mae'r dethol yn gorfod bod yn ofalus, fel yr awgrymais. Mae'r gwir ychydig yn fwy cymhleth ac yn fwy credadwy. Tynnodd Saunders ei hun sylw at aberth arwrol Trefor ac Eileen Beasley (a fu yn yr eisteddiad cyntaf yn ardal Trawsfynydd) a'u brwydr hir yn erbyn gwrthodiad trofaus Cyngor Dosbarth Gwledig Llanelli i roi iddynt ffurflen dreth Gymraeg. Achosodd yr arwriaeth hon ragor o rwystredigaeth a oedd yn mynd ar gynnydd yn y blynyddoedd cyn y darllediad. Dyfnhawyd yr ymdeimlad hwn gan y cynllun i foddi Cwm Tryweryn a phentref Cymraeg Capel Celyn er mwyn darparu rhagor o ddŵr i Lerpwl a'r cyfan a ddigwyddodd ynglŷn â hynny. Cymerais ran gyda llawer un arall yn y brotest gyhoeddus yn erbyn y cynllun hwn. Ond yn ofer. Bûm hefyd wrthi yn ddi-baid yn cyhoeddi llythyrau ac erthyglau yn y *Western Mail*, y *Liverpool Daily Post*, *Y Genhinen* a'r *Ddraig Goch* yn ystod y blynyddoedd cyn y darllediad yn dadlau dros yr angen i roi statws swyddogol i'r Gymraeg ym myd llywodraeth a'r gyfraith, gan dynnu sylw at esiampl gwledydd dwyieithog eraill yn y byd lle, meddwn yn fynych yn y wasg, 'it is taken as axiomatic that both languages should have equal rights and privileges'. Oedd, yr oedd y farn dros sicrhau statws swyddogol i'r Gymraeg eisoes yn cryfhau. Rai blynyddoedd cyn hyn gwrthododd Rosa Parks, gwraig ddu ei chroen, ildio ei sedd ar fws ym Montgomery, Alabama, i ddyn gwyn ac yr oedd ei henw yn dal yn hysbys ledled y byd. Wedi'r arwriaeth hon gwrthododd y bobl dduon ddefnyddio'r bysiau am flwyddyn a gorfodi'r gwasanaeth i newid ei reolau. Aeth Martin Luther King ymlaen i gydio yn awenau'r mudiad di-drais dros iawnderau sifil hyd nes iddo gael ei lofruddio yn 1968. Dangosodd King a Parks werth ymarferol gweithredu di-drais disgybledig.

◆

Jamie: Rydych chi'n sôn hefyd am Trefor ac Eileen Beasley. Oeddech chi'n eu nabod nhw? Oeddech chi wedi cwrdd â nhw?

Tedi: Oeddwn, ond do'n i ddim yn eu nabod nhw'n dda er 'mod i'n gwybod yn iawn amdanyn nhw a beth o'n nhw'n ei wneud ac yn y blaen. Roedd eu hesiampl nhw yn bwysig iawn – ro'n nhw'n barod i ddioddef am flynyddoedd maith. Roedd y cyngor lleol wedi gwrthod rhoi ffurflen dreth iddyn nhw yn Gymraeg – dyna i gyd! Ac ro'n nhw'n mynd â'u celfi nhw. A beth ro'n ni wedi'i wneud, llawer ohonon ni, oedd sefydlu cronfa a phrynu'r celfi 'ma 'nôl a'u rhoi nhw 'nôl iddyn nhw!

Jamie: Roedd y Beasleys yn ysbrydoliaeth i chi, ac yn ôl beth y'ch chi wedi'i ysgrifennu, yn fwy o ysbrydoliaeth na *Tynged yr Iaith* Saunders Lewis, efallai?

Tedi: Wy'n credu'ch bod chi'n iawn. Roedd eu hesiampl nhw yn bwysicach. Wedi'r cyfan, do'n i ddim yn cytuno â phob peth roedd Saunders yn ei ddweud.

Jamie: Na! Rydych chi wedi sôn tipyn am hynny. Person dadleuol oedd Saunders. Rydych chi wedi sôn am gwrdd â fe am y tro cyntaf, ond sut un oedd e?

Tedi: Roedd e'n iawn pan oedd e'n delio â fi ac ambell un arall fel myfyrwyr, yn eithaf cwrtais ac yn y blaen, ond doeddech chi ddim yn gallu nesáu at Saunders. Roedd e yno ar ei orsedd fel petai! Hynny yw, ro'ch chi'n gallu cyfri Gwynfor yn un o'ch ffrindiau chi ac ambell un arall ymhlith arweinwyr y Blaid, ond ddim Saunders. Roedd e'n bell iawn oddi wrthoch chi. 'Dyma'r gwir fel dw i'n traethu'r gwir.'

◆

Fodd bynnag, rhaid dweud eto nad oes amheuaeth fod gwrando ar farn rhywun o fri arbennig Saunders Lewis yn hwb annisgwyl ac eithriadol o gryf i bawb yr oedd pwnc yr iaith yn bwnc hollbwysig iddynt. Yr oedd yn ddigon i beri i mi a John Davies, Bwlch-y-llan (fel yr adwaenid ef y pryd hwnnw) achub y cyfle i gyflwyno cynnig yn Ysgol Haf Plaid Cymru ym Mhontarddulais yn yr un flwyddyn yn sôn am sefydlu mudiad a fyddai'n gweithredu dros statws swyddogol i'r Gymraeg. Derbyniwyd y cynnig gan yr Ysgol Haf ac nid yw'n wir, fel y dywed rhai, fod arweinwyr y Blaid yn chwyrn yn erbyn y fath symudiad. Cefais lythyr maith ac ystyriol gan Gwynfor chwap wedi'r gweithredu cynnar sydd yn dangos hynny'n eglur, llythyr a roddais i Rhys Evans i'w drafod yn ei gofiant *Gwynfor: Rhag Pob Brad* (2005). Fel hyn yr ymresymodd Gwynfor:

> Credaf fod patrwm o weithredu yn datblygu. Yn wahanol i S.L., bûm yn ansicr o ddoethineb polisi o weithredu anghyfreithlon ar ran Plaid Cymru, a hyn am ddau brif reswm. Un yw nad oes gennym yr adnoddau dynol i fabwysiadu'r fath bolisi, sy'n gofyn parodrwydd ar ran ugeiniau o aelodau, o leiaf, dros gyfnod o flynyddoedd, i wynebu carchar am dymhorau hir – carchar a allai ddinistrio eu busnes, eu galwedigaeth, eu bywyd teuluol. Mewn sefyllfa chwyldroadol gall fod yn iawn i ddyn aberthu ei deulu er mwyn achos mawr gwleidyddol; ond nid oes sefyllfa chwyldroadol yng Nghymru. Yr ail reswm yw bod y polisi hwn yn debyg o ddinistrio gwaith gwleidyddol, sefydliadol, y Blaid. Y mae hefyd drydydd rheswm nad wyf mor siŵr ohono: sef y gallai polisi o'r fath bellhau rhan fawr o'r genedl oddi wrth ein nod, a rhwygo'r Cymry mewn ffordd anobeithiol.
>
> Credaf y gall fod gwerth mewn gweithredu fel y cafwyd yn Nhryweryn ac Aberystwyth, sydd yn weithredu ar wahân i'r Blaid er gan genedlaetholwyr.

A'r geiriau clo i mi oedd dweud, 'mor dda oedd gweld cwmni o bobl ifanc yn gweld cymaint o werth yn yr iaith Gymraeg nes bod yn barod i ddioddef drosti'. Fel y gwyddom bellach, fe gawsom ugeiniau o bobl ifainc ardderchog a weithredodd ac a ddioddefodd dros achos y Gymraeg trwy'r blynyddoedd. Yr wyf yn dal i dderbyn barn Gwynfor y pryd hwn, gan gredu mai camgymeriad difrifol ar ran Saunders Lewis oedd cyfeirio ei ddarllediad at Blaid Cymru.

◆

Jamie: Roedd Saunders yn meddwl fod yr iaith yn fwy pwysig ac yn blaenoriaethu achub yr iaith o flaen cael senedd i Gymru. Do'ch chi ddim yn cytuno 'da hynny, sai'n credu.

Tedi: Na, chi'n iawn, doeddwn i ddim, ond hoffwn i glywed mwy o Gymraeg yn ein Senedd ni heddiw! Mae annibyniaeth yn gallu sicrhau safle'r Gymraeg mewn ysgolion ac yn ein bywyd cyhoeddus hefyd. Dyw'r frwydr honno ddim wedi'i hennill eto. Mae pobl yn siarad Saesneg ac yn troi at y Gymraeg pan mae rhaid – fel arall y dylai fod.

Jamie: Rydych chi'n sôn bod ennill annibyniaeth i Gymru yn hollol angenrheidiol i gadw cenedl yn ei holl amrywiaeth cyfoethog. Ydych chi'n dal i deimlo fod annibyniaeth yn ganolog i gadw'r iaith a'r diwylliant ac nad oes modd eu cadw o fewn y gyfundrefn Brydeinig?

Tedi: Mae'n dibynnu beth y'ch chi'n ei feddwl wrth annibyniaeth, wrth gwrs. Mae annibyniaeth lwyr yn amhosib. Ond mae'n bwysig iawn bod Cymru'n byw bywyd Cymreig a Chymraeg, bod yr iaith yn brif iaith yn y Gymru newydd os mynnwch chi. Mae'n bosibl byw bywyd annibynnol heb gefnu ar Loegr ond gan roi'r prif bwyslais ar y Gymraeg

◆

Yn Ysgol Haf Pontarddulais, yr oedd yn amlwg i John a minnau na allai plaid wleidyddol, gyfansoddiadol, weithredu yn gyson hyd at dorri'r gyfraith i ennill safle swyddogol i'r Gymraeg ym mywyd Cymru. O'r herwydd, aethom gyda rhyw ddwsin o aelodau eraill i ystafell arall yn yr Ysgol Haf ac yno cytunwyd bod angen sefydlu mudiad a fyddai'n barod i weithredu yn anghyfreithlon ond yn ddi-drais dros sicrhau statws swyddogol i'r Gymraeg, a phenodwyd John Davies a minnau yn gyd-ysgrifenyddion.

◆

Jamie: Chi oedd un o sylfaenwyr y Gymdeithas. Hoffwn i wybod mwy am hynny. Roedd hi'n gyfnod byr rhwng rhoi'r cynnig i mewn yn yr Ysgol Haf a chreu'r Gymdeithas felly, chi a John Davies Bwlch-y-llan.

Tedi: Roedd y ddau ohonon ni'n poeni ynglŷn â safle'r Gymraeg ac yn gweld bod angen *gwneud* rhywbeth, doedden ni ddim yn siŵr iawn beth. Roedd angen gweithredu dros y Gymraeg. Fe gyflwynon ni gynnig i Ysgol Haf y Blaid ym Mhontarddulais,

67

ac fe basiwyd y cynnig ond roedd Gwynfor a'r arweinwyr yn dweud nad oedd y Blaid yn blaid chwyldroadol. Ymladd etholiadau oedd y prif nod. Roedden ni'n dau yn gweld ac yn derbyn hynny, ond yn dal i deimlo bod angen gwneud pethau, pethau di-drais, heddychlon. Ro'n ni'n pregethu hynny i gylch bach a aeth o'r neilltu yn yr Ysgol Haf wedyn. Roedd pawb yn cytuno ond roedd rhaid penderfynu beth yn union o'ch chi'n ei wneud! Roedd yr awdurdodau a'r heddlu wedi gweld ein bod o ddifri ond mae'n debyg bod gorchymyn wedi mynd allan i'w 'hanwybyddu nhw'. Ond fe gafodd ein gweithredu sylw mawr yn y wasg. Felly roedd e'n llwyddiannus o'r safbwynt hynny. Ac mae'r Gymdeithas hyd heddiw yn gymdeithas ddi-drais ac yn fodlon iawn dioddef. Dwi'n edmygu'r ffordd mae'r genhedlaeth bresennol a'r cenedlaethau diwethaf wedi derbyn cosb hefyd.

◆

Buom mor ffodus â chael cefnogaeth gan aelod o Adran y Gyfraith yn y coleg ac mewn cyfarfod rhyngddo ef a John a minnau bu cryn drafod ar enwi'r gymdeithas. Wedi llawer o drafod ac awgrymu amryw o enwau cynigiais yr enw plaen 'Cymdeithas yr Iaith Gymraeg', gan ddweud y byddai'r sawl oedd yn gwybod ei hanes yn gallu gwahaniaethu rhwng y gymdeithas aneffeithiol yn Oes Victoria o'r un enw a'r un newydd. Dyna a dderbyniwyd.

Aeth John a minnau ati i drefnu gwrthdystiad di-drais, gan dorri'r gyfraith a gwrthod derbyn gwŷs wedi'r gweithredu. Cawsom gyngor gan y cefnogwr yn Adran y Gyfraith yn y coleg fod plastro Swyddfa'r Post ac adeiladau cyhoeddus eraill â phosteri yn ymyrraeth anghyfreithlon – a dyna a drefnwyd. Gwnaed hynny yn frwd gan y cefnogwyr o'r gogledd a'r de – fe blastrwyd swyddfa'r heddlu hyd yn oed! Ond anwybyddwyd y cwbl gan yr heddlu. Wrth i mi addurno drws swyddfa'r heddlu â phosteri, heriais insbector a oedd yn dyst i'r weithred i'm harestio. Ei unig ymateb oedd hanner gwên. Dyna, felly, oedd y polisi a fabwysiadwyd yn wyneb y tor cyfraith ysgeler. Fel y gellid disgwyl, fe lwyddodd i greu teimlad byw o siom a rhwystredigaeth ymhlith amryw o'r gweithredwyr. Aethom yn ôl i ystafell fawr yn yr Home Cafe, y man cyfarfod cyntaf, i drafod hyn oll. Yno, wedi'r drafodaeth, cafwyd 'capel sblit', hen draddodiad Cymreig parchus, wrth gwrs, ac aeth nifer o'r protestwyr i eistedd ar Bont Trefechan i rwystro'r drafnidiaeth. Methodd y weithred hon nas trefnwyd ymlaen llaw â deffro'r heddlu ond yr oedd yn ffordd i greu myth arall ynglŷn â Chymdeithas yr Iaith Gymraeg, sef mai dyna'r cwbl a ddigwyddodd ar y diwrnod pwysig hwnnw a oedd yn foddion i sefydlu'r Gymdeithas. Yr oeddwn i'n anghytuno â'r fath weithred a John Davies yr un fath. Fel darlithydd newydd sbon ni allwn lai na phryderu am ddiogelwch rhai o'm myfyrwyr, cryn nifer ohonynt yn ferched ifanc a oedd yno yn yr ail gyfarfod yn yr Home Cafe. Yr oedd fy mhrofiad yn Nhrawsfynydd wedi fy nysgu ei bod yn hollbwysig trefnu gweithred o'r fath ymlaen llaw a bod angen trefn a disgyblaeth. Dim ond fel yna y gellid sicrhau bod y weithred yn gwbl ddi-drais.

Jamie: Yn eich barn chi, beth yw nod gweithred ddi-drais? Yn fy marn i, nid bwlio'r ochr arall i mewn i ryw fath o benderfyniad yw'r nod. Ond beth yw prif nod gweithredu yn y fath fodd?

Tedi: Wel, cyflawni'r nod o ddal sylw, ond hefyd argyhoeddi pobl eich bod chi'n iawn. Roedd pobl yn ein holi ni – pa fath o gymdeithas oedd y gymdeithas newydd 'ma? Roedd gweithredu'n ddi-drais yn hollbwysig, gyda phobl ifanc y Gymdeithas yn barod i gael eu carcharu dros yr achos.

Jamie: Pwy oedd yn eich holi am eich gweithredu?

Tedi: Wel, y wasg; roedd yr heddlu yn ein hanwybyddu ond roedd y wasg yn ein holi ni'n daer. Hefyd roedd pobl oedd ar y cyrion eisiau deall pa fath o gymdeithas oedd hon.

Jamie: Trwy weithredu fel 'na rydych chi'n deffro pobl, deffro'r gymuned ehangach sy'n dechrau cwestiynu 'pam ry'n ni'n gwneud hyn, beth sy mor ddifrifol?' Dyna bwrpas gweithred ddi-drais yn fy nhyb i – deffro gweddill y bobl.

Tedi: Yn gwmws, rydych chi'n rhoi eich bys ar rywbeth pwysig. Roedd modd argyhoeddi pobl a oedd yn cymryd diddordeb drwy wneud hynny a dangos nad ydych yn berygl iddyn nhw yn gorfforol ac yn y blaen, ond eich bod yn barod i dderbyn y gosb. Roedd fy syniadau ehangach fel gwrthwynebwr cydwybodol ac ynghylch heddychiaeth yn datblygu ar y cyd â hyn oll.

Gwleidydda

NI CHYMERAIS ran amlwg yng ngwaith y Gymdeithas wedi hynny er fy mod yn hynod falch fy mod yn un o'r sylfaenwyr. Cyn bo hir, cefais fy ethol yn aelod o Gyngor Tref Aberystwyth i gynrychioli Ward 1 Penparcau a Threfechan. Fi oedd yr aelod cyntaf o Blaid Cymru i fod yno a hynny mewn cyfnod pryd yr oedd amryw o rymoedd pwysig gan gyngor tref. Yn etholiad cyffredinol 1966 safodd Elystan Morgan – a oedd newydd ymadael â Phlaid Cymru – dros y Blaid Lafur a bodlonais o'r diwedd i fod yn ymgeisydd y Blaid. Yr oedd y cyfnod hwn yn eithriadol anodd i'r Blaid a'r gwir yw nad oedd neb arall yng Ngheredigion yn barod i ddod allan.

Profiad diflas oedd sefyll dros y Blaid yn yr etholiad hwnnw. Nid yr ymgeisydd Llafur oedd yn gyfrifol am y diflastod personol; bu ef yn ddigon boneddigaidd. Yr oedd hi'n gyfnod eithaf trist yn hanes y Blaid a'r peirianwaith yn yr etholaeth yn wannaidd neu yn gwbl absennol. Cefais wers chwerw yn dod i wybod am amryw o Gymry amlwg yng Ngheredigion a oedd yn barod i gefnogi ymgeisydd Llafur a oedd yn Gymro cenedlaetholgar â'i wreiddiau yn ddwfn yn yr etholaeth a'i dylwyth yn lluosog. A minnau yn dal yn newyddian yn yr ardal ac ar ben hynny yn ddewis olaf fel ymgeisydd.

◆

Jamie: Yn y dyddiau cynnar 'te, roedd pobl yn gyndyn i ddod allan a chefnogi'r Blaid?

Tedi: Mae hynny'n wir. Roedd 'na bobl a oedd yn pleidleisio dros y Blaid ond yn cadw'n dawel am y peth.

Jamie: Dwi ddim yn gallu deall hynny oherwydd erbyn hyn, wrth gwrs, does dim cywilydd ac mae pobl yn barod i ddweud a ydyn nhw'n cefnogi'r Blaid ai peidio. Beth y'ch chi'n credu oedd yn digwydd pryd 'ny?

Tedi: Roedd pregethu annibyniaeth a rhoi'r pwyslais ar bethau Cymraeg a Chymreig yn newydd sbon iddynt. Doedd rhai ddim eisiau datgelu'r ffaith eu bod yn trafod y peth fel pwnc o ddifri. Roedd hynny'n reit gyffredin. Doedden nhw ddim yn fodlon dod allan yn gyhoeddus fel pleidwyr.

Jamie: O'ch chi'n meddwl bod pobl yn credu bod aelodau o Blaid Cymru yn radicaliaid?

Tedi: Oeddwn, ac efallai'n poeni fod y Blaid yn mynd i gymryd drosodd drwy ddulliau treisgar. Ro'n nhw'n llyncu propaganda'r Blaid Lafur yn bennaf, ond pleidiau eraill hefyd, heb feddwl o ddifri am y pwnc o gwbl.

Jamie: Beth oedd sail y propaganda?

Tedi: Wel, ymgeiswyr eraill yn dweud pethau rhyfedd iawn am y Blaid, ein bod yn dreisgar ac yn defnyddio arfau. Doedd dim syniad gyda nhw am ddulliau go iawn y Blaid. Ond roedden nhw'n

pregethu hyn yn gyhoeddus, ac ymgeiswyr Llafur
yn waeth na neb!

Jamie: Mae hynny'n dal yn wir heddiw! Rydyn ni wedi
cael Cyngor Llafur ym Merthyr nawr ers canrif a
does dim byd wedi newid.

◆

Un broblem ymarferol annisgwyl yr adeg honno oedd bod
Nel Gwenallt – gwraig y bardd enwog a oedd yn aelod o'r un
adran â mi yn y coleg – cenedlaetholwraig frwd, wedi cynnig
trefnu anfon llythyr yr ymgeisydd at etholwyr Ceredigion.
Erbyn rhyw dair wythnos cyn yr etholiad nid oedd hi wedi
gwneud dim i drefnu'r gwaith angenrheidiol hwn. Daeth Lili
Thomas, darlithydd yn Adran Addysg y coleg a phleidwraig
amlwg yn y sir, i'r adwy, ac aeth ati i gael cylch merched y Blaid
ynghyd i wneud y gwaith hwnnw ac fe'i gwnaed yn gyflym
ac effeithiol. Problem arall oedd na allwn gael neb i fod yn
asiant i mi. Pan glywodd Tom Gravelle, aelod annibynnol o
Gyngor Aberystwyth ac aelod o'r un eglwys â mi, y newydd
hwnnw daeth ataf ar unwaith a chynnig ei wasanaeth. Hefyd
cefais gefnogaeth llawer o'r myfyrwyr ynglŷn â'r canfasio.
Moddion i chwalu'r amheuon a oedd ar fin fy ngoddiweddyd
oedd cyfraniad gwerthfawr y cyfeillion hyn. Ymhen rhyw
dair wythnos enillodd Gwynfor mewn isetholiad yng
Nghaerfyrddin a dechreuodd cyfnod newydd wawrio.

Wedi rhyw flwyddyn cefais wahoddiad i annerch cyfarfod
o Blaid Cymru ym Maldwyn. Ni wyddwn i'r pryd hwnnw
fod y cyfarfod yn fath o 'bregeth brawf' a bu'r pleidwyr yno

yn ddigon mentrus i'm gwahodd i sefyll yno. Cefais gyfle y tro hwn i weithio am ddwy flynedd, dod i adnabod y sir a'i phobl yn llawer gwell a phrofi 'mwynder Maldwyn' yn y blynyddoedd cyn etholiad 1970. Erbyn hyn yr oedd gwell trefn ar weithgareddau'r Blaid a Trefor Edwards fel cynrychiolydd yn gofalu am y sefyllfa. Cafodd Trefor brofiad o fod yn gefn i Islwyn Ffowc Elis a safodd ddwywaith ym Maldwyn. Cefais gyfle i ymweld â llawer ardal. Y pryd hwn yr oedd y noson lawen yn dal yn ei bri a threfnwyd i mi fynd i amryw o'r cyngherddau amrywiol a'r nosweithiau hyn i ddweud gair byr yn ystod y saib hanner amser. Euthum ati hefyd i ddefnyddio'r wasg leol yn fynych, y *County Times, Montgomery Express, Shropshire Star,* yn ogystal â'r *Liverpool Daily Post* a'r *Western Mail.* Er enghraifft, cyhoeddais ddatganiadau lluosog yn y papurau yn erbyn y paratoadau i foddi Cwm Dulas a Chwm Nant yr Eira, ac nid gormod dweud bod Plaid Cymru wedi arwain y gwrthwynebiad llwyddiannus yn erbyn y cynlluniau hyn. Ceisiais fod yn hyddysg ynglŷn â phob agwedd ar fywyd Maldwyn. Swm a sylwedd yr ymdrechion oedd i mi lwyddo i godi'r bleidlais o ryw fil tri chant ac yr oedd hynny yn rheswm arall dros syrthio mewn cariad â'r sir ac edrych ymlaen at ymladd eto! Ond rhaid cyfaddef i mi flino'n lân ar ôl y cyfnod cyffrous hwn ac fel y crybwyllwyd, yn chwedegau'r ganrif hefyd yr oeddwn yn dal yn aelod gweddol newydd o'r Adran Gymraeg yn y coleg a rhan bwysig o'r gwaith oedd paratoi ar gyfer myfyrwyr ail iaith a fyddai'n dod dan y drefn newydd yn yr ysgolion.

Myfyriwr Tywysogaidd

Yna, cafwyd tro arall ar fyd. Ymhen rhyw bum mlynedd ar ôl ymuno â'r adran yn Aberystwyth, a minnau'n dechrau teimlo'n gartrefol ynddi, dyma fyfyriwr mwy adnabyddus na'r cyffredin yn cyrraedd erbyn tymor yr haf, y tymor olaf a byrraf yn y flwyddyn golegol. Yr oeddwn i'n dod i ben fy nwy flynedd fel is-lywydd Plaid Cymru ac felly yr oedd y newydd yn arbennig o ddiddorol i mi. Daeth y neges i lawr oddi uchod, fel petai, sef y byddai'n rhaid rhoi croeso i Charles, Tywysog Cymru, a fyddai'n dod i ddysgu peth Cymraeg a hanes Cymru cyn ei arwisgo gan y frenhines yng nghastell Caernarfon mewn seremoni i ddilyn honno a ddyfeisiwyd gan Lloyd George yn 1911. Ni chefais i na neb arall, hyd y gwn, ddim trafodaeth â'r Prifathro, Thomas Parry, am yr ymweliad hwn.

Erbyn hyn, wrth gwrs, yr oedd sefyllfa Plaid Cymru yn gwbl wahanol. Etholwyd Gwynfor i Senedd Llundain ym mis Gorffennaf 1966, ac fe'i dilynwyd cyn bo hir gan Winifred Ewing, ymgeisydd yr SNP yn Hamilton. Daeth Vic Davies a Phil Williams o fewn ychydig i ennill yn y Rhondda yn 1967 a Chaerffili yn 1968. Yr oedd ffrwydradau mewn sawl ardal a gwrthdystiadau Cymdeithas yr Iaith yn dal yn ddi-baid. Nid rhyfedd i'r Llywodraeth Lafur ddychryn. Yr oeddwn i'n rhyw feddwl erioed i George Thomas, yr Ysgrifennydd Gwladol dros Gymru, fynd at y Prif Weinidog, Harold

Wilson, i'w argyhoeddi bod angen gyrru aer y goron i'r nyth o genedlaetholwyr yng Ngholeg Aberystwyth i ddysgu ychydig o Gymraeg er mwyn lladd pob beirniadaeth ar yr urddo yng nghastell Caernarfon. Ond dysgais wedyn nad gwir hynny. Adwaenid George Thomas fel gelyn digyfaddawd a llafar i ddatganoli ac i Blaid Cymru; gŵr ydoedd a addolai'r sefydliad Seisnig a'r teulu brenhinol. Gorffennodd ei rawd wleidyddol fel Viscount Tonypandy yn Nhŷ'r Arglwyddi! Ni allaf yn fy myw gysoni'r teitl ag enw'r lle a'i hanes. Mae'r teitl bron cystal â'r teitl arall hwnnw, Baron Kinnock, Bedwellty (ie, nodwch y llafariad olaf). Mae'n rhaid bod George druan yn dychryn yn fwy na neb. Ymddengys fod y syniad o geisio rhoi rhywfaint o addysg Gymreig i'r tywysog cyn ei arwisgo yn cylchredeg cyn i George Thomas ddod yn Ysgrifennydd Gwladol. Dengys yr ymchwil a wnaeth Derec Llwyd Morgan yn ei gofiant ardderchog *Y Brenhinbren* fod Thomas Parry, Prifathro Coleg Aberystwyth, wedi clywed am y cynllun tua dwy flynedd cyn i'r tywysog gyrraedd y Coleg ger y Lli ac ni chafwyd dim ganddo am unrhyw gyfraniad gan George Thomas. Cyfaddefodd Thomas ei fod yn gwrthwynebu ymweliad y tywysog ag Aberystwyth am dymor, ac yn nes ymlaen dangosodd hefyd ei barodrwydd slafaidd i newid ei farn yn llwyr pan fyddai penderfyniad awdurdodol yn ei wynebu. Fe ddywed yn ei hunangofiant, *Mr Speaker*:

I did not favour the idea of the Prince of Wales going to Aberystwyth College for a term before the Investiture; it seemed a bit patronising to Wales and unnecessarily provocative. Once the decision had been taken, however, I gave it my full public support.

Nid hynny yn unig. Yr oedd ei barch at safle ac awdurdod yn achos newid llwyr arall, fel y gwelir yn y datganiad syfrdanol hwn:

As history shows, Prince Charles turned his stay in Aberystwyth into a personal triumph. The turning point came when he delivered a speech in excellent Welsh to the Urdd (Youth) Eisteddfod. Public opinion in Wales galloped to his side. He had undermined his fiercest opponents by tackling them with their own weapon. His growing popularity everywhere in Wales convinced me all would be well for the Investiture.

Ond câi'r tywysog hwn brofi ufudd-dod a pharchedig ofn George Thomas hyd yr eithaf, fel y dangosir ychydig yn nes ymlaen.

Tynnwyd y tywysog druan allan o'i goleg yng Nghaergrawnt yn y tymor olaf cyn yr arholiad terfynol a'i alltudio yng ngorllewin pell Cymru. Diau fod myfyrwyr tywysogaidd yn gorfod adolygu cyn eu harholiadau gradd yn ogystal â rhai llai breintiedig. Disgynnodd haid amrywiol o ohebwyr y wasg fyd-eang, y teledu a'r radio ar Aberystwyth a chael eu harwain gan swyddogion o gwmpas y coleg a Neuadd Pantycelyn lle byddai'r myfyriwr enwog hwn yn byw. Yn yr ystafell nesaf ato cafwyd myfyriwr a oedd wedi bod yn aelod o Blaid Cymru. A minnau yn gyfrifol am fyfyrwyr ail iaith yn yr adran, fe'm penodwyd yn un o'i diwtoriaid iaith ac yr oeddwn hefyd i'w weld unwaith yr wythnos mewn tiwtorial cyffredinol. Yr oedd ambell aelod arall o staff y coleg yn dysgu'r tywysog hefyd, ond yr oeddwn i yn dod i ben fy nwy flynedd fel is-lywydd y Blaid ac yr oedd llawer iawn o'r myfyrwyr yn aelodau o'r Blaid a Chymdeithas yr Iaith Gymraeg. Dyna'r sbeis ar y sefyllfa a brofodd yn ormod i'w stumogi i rai ac yn enwedig, wrth gwrs, i George Thomas.

Cafodd dyfodiad y tywysog sylw helaeth dros ben ym mhapurau Cymru a Lloegr a gwelir rhyw gysonder difyr yn y modd y soniwyd amdanaf fel 'a dedicated Welsh nationalist'; 'a passionate Welsh nationalist'; 'a leading light in Plaid Cymru, the Welsh Nationalist Party'; 'a prominent member of the Welsh Nationalist Party'. Hawdd deall paham yr oedd hyn oll yn troi ar Thomas druan i'w frathu. A'r flwyddyn ganlynol, yng nghyfnod yr arwisgo, fel y dengys papurau'r Cabinet, ysgrifennodd at Wilson (yn ei law ei hunan fel na fyddai neb yn ei swyddfa yn gweld y llythyr) i ddatgelu ei fod yn dechrau edifarhau am yr awydd i ddefnyddio aer y goron yn wleidyddol. Bu mor hy â beirniadu'r tywysog ei hun y tro hwn am ei fod yn sôn yn ei areithiau cyhoeddus am y 'cultural and political awakening in Wales'. 'He boosted Welsh nationalism,' meddai George. Yr oedd y rheswm am hyn oll yn eglur iddo: 'His tutor, his neighbour in the next room, and the Principal, were all dedicated nationalists,' meddai mewn llythyr cyfrinachol at y Prif Weinidog, fel y dangosodd Derec Llwyd Morgan yn y cofiant *Y Brenhinbren.*

Eto i gyd, ryw flwyddyn cyn hyn pan gafwyd y newydd sydyn fod y tywysog yn dod, rhaid cyfaddef i mi deimlo ychydig o anesmwythyd. Nid oedd Plaid Cymru yn blaid weriniaethol ond prin ei bod yn blaid frenhinol. Nid oeddwn i yn freniniaethwr o fath yn y byd. Penderfynodd Pwyllgor Gwaith y Blaid sefyll yn ôl ac aros i rwysg yr arwisgo fynd heibio. Yn ei gofiant *Gwynfor* cafodd Rhys Evans bwl o ddychymyg pan ddywedodd mai dyma'r rheswm 'pam i Blaid Cymru ganiatáu i'w his-lywydd, Tedi Millward, fod yn diwtor Cymraeg i'r Tywysog'. Ni chefais wybod dim o'r fath gan y Pwyllgor Gwaith na chan y llywydd, er bod Gwynfor yn cymryd diddordeb mawr yn y gwaith o ddysgu'r myfyriwr arbennig hwn. Y mae yn fy meddiant lythyr a gefais gan J. E. Jones, ysgrifennydd a threfnydd Plaid Cymru, a anfonwyd ataf gryn ddeng mlynedd cyn i'r tywysog ddod, yn tynnu fy sylw at erthygl gan 'Agricola', yn yr *Herald of Wales*. Dadleuodd y gohebydd hwn y dylai'r Tywysog Charles ddysgu Cymraeg pe câi ei urddo yn Dywysog Cymru:

> ... we would like what we have never had – a thoroughly Welsh-speaking Prince of Wales; and is it not right, proper and fitting that our future Monarch should be versed in the literature of the oldest language and culture in Britain?

Dywedodd J.E. yn ei lythyr ataf fod Pwyllgor Sir Gaernarfon wedi trafod y pwnc hwn: 'Dygwyd y mater i'n Pwyllgor Gwaith ni' a gytunodd y dylid 'dylanwadu mewn rhyw ffordd gudd'. Gofynnodd i mi geisio gwneud rhywbeth i'r perwyl – proffwydol iawn! – ac yntau yn credu, meddai, y byddai'r ffaith fod y darpar frenin yn mynd ati i ddysgu'r iaith yn ysbrydoli 'miloedd ar filoedd' i ddilyn ei esiampl ac y byddai 'miloedd ar filoedd eraill yn teimlo'n llawer iawn caredicach tuag at yr iaith'. Barn braidd yn rhy obeithiol, mae'n siŵr. Ni wn beth oedd gwerthiant llyfr gan aelod arall o'n hadran, Bobi Jones, a fu'n dysgu'r tywysog, sef *Highlights in Welsh Literature: Talks with a Prince* (1969).

Digwyddodd un peth diddorol wedi'r cyhoeddiad y byddai'r myfyriwr annisgwyl yn cyrraedd. Cefais ymweliad yn y coleg gan ddyn canol oed o leiaf, cwbl ddieithr i mi, a chanddo broblem bersonol. Aelod o Blaid Cymru ydoedd yn Sir Benfro, meddai, heb nodi pa gangen, a dangosodd gerdyn aelodaeth i brofi hynny. Ni allwn ddarllen yr enw ar y garden. Ni fedrai'r Gymraeg ac yr oedd yn siarad fel Sais pur. Yr oedd yn caru merch o'r sir, meddai, a'i thad yn gwrthwynebu. Oherwydd gelyniaeth ei thad bu'n rhaid iddo gefnu ar ei lety yn yr ardal a phenderfynodd ddod ataf i gael fy nghefnogaeth. Traethodd yn rhugl ac yn faith am ei argyhoeddiad fel cenedlaetholwr ac yna, yn sydyn, newidiodd ei diwn yn llwyr. Bu'n aelod o'r fyddin, meddai, am rai blynyddoedd a gwyddai'n iawn sut i drafod arfau. Yr oedd yn gwbl barod i ddefnyddio gynnau pe bai'r sefyllfa yng Nghymru yn dirywio ac yn hawlio trais a byddai'n dysgu eraill, meddai, sut i'w trafod yn effeithiol. Fe sylweddolais yn sydyn beth oedd swyddogaeth yr ymweliad hwn a dywedais yn blaen wrtho, a braidd yn ddig, fod ei agwedd yn gwbl ofer ac na allwn gytuno â'r un gair ganddo. Daeth ei ddiddordeb i ben ar unwaith, cododd yn gyflym ac allan ag ef ac i lawr y grisiau o'm hystafell a oedd yn arwain at yr oriel yn yr Hen Goleg. Fe'i dilynais bron ar unwaith ond yr oedd wedi diflannu. Holais yn gynnil wedyn yn y coleg a bûm yn ffonio cynrychiolwyr yn Sir Benfro hefyd. Ond ni wyddai neb ddim amdano. Dyna'r unig dro (hyd y gwn!) i mi gael fy mhwyso a'm mesur gan un o wasanaethau cudd llywodraeth Llundain. Hyd y dydd hwn yr wyf yn dal i synnu bod y dull mor sneclyd a nawddogol.

Gwyddwn fod ambell un yn credu ar y pryd y dylwn wrthod dysgu'r tywysog ac ymddiswyddo. Ni wnes hynny, na neb arall ar staff y coleg ychwaith. Cyn bo hir yr oeddwn yn barod i ddatgan paham, pe bai angen. Yr oeddwn yn credu – ac yr wyf yn dal i gredu – fod y brifysgol yn sefydliad a ddylai fod yn agored i bawb a all gael budd o addysg brifysgol. Peth digon cyffredin yw cael tywysogion a thywysogesau o wahanol dras a chenedl yn fyfyrwyr prifysgol. Fodd bynnag, yn achos Aberystwyth, wrth gwrs, yr oedd yn gwbl amlwg mai ystryw wleidyddol ar ran y Llywodraeth Lafur oedd gyrru'r tywysog arbennig hwn i un o golegau Cymru am ychydig wythnosau yn y tymor byrraf o'r flwyddyn golegol. Y bwriad oedd y byddai rhoi cynnig ar ddysgu Cymraeg yn ei anwylo i bobl Cymru, ac yn rhoi taw ar bob protest yn erbyn yr urddo yng nghastell Caernarfon.

Penderfynais y byddai gwrthod dysgu'r myfyriwr annisgwyl hwn yn gwneud drwg mawr i Blaid Cymru, yn niweidio enw da'r coleg yn ogystal, ac yn fwyd a llyn i'r wasg a'r cyfryngau eraill. Bron na ellid gweld a chlywed y wasg Saesneg yn glafoerio wrth feddwl y byddwn i ac ambell un arall, o bosibl, yn gwrthod dysgu'r myfyriwr hwn: 'small-mindedness'; 'prejudice'; 'insulting'; 'mad independence'; 'apartheid'; 'narrow nationalism'; 'is this a university?' ac yn y blaen. Fel yr awgrymais, rhan bwysig o dacteg y llywodraeth, mae'n sicr, oedd anfon y tywysog i mewn i'r nyth o genedlaetholwyr yng Ngholeg Aberystwyth – 'to chuck him in at the deep end', fel y dywedais wrth y *Sunday Mirror* – er mwyn gwanhau a thawelu'r mudiad cenedlaethol. Os oes angen prawf arall o hynny, gallaf ddatgelu bellach iddo ddweud wrthyf mewn tiwtorial nad ei syniad ef a'i deulu oedd yr ymweliad: 'It didn't come from the family'. Y peth gorau, yn fy marn i, oedd mynd ati i droi'r dŵr i'n melin ein hunain a defnyddio'r sylw mawr a gâi'r tywysog i ddangos ei bod yn bosibl dysgu cryn dipyn o Gymraeg mewn byr amser a'i bod yn werth ei dysgu. Pwy a allai wadu hynny yn wyneb y ffaith fod aer y goron yn mynd ati i ddysgu'r iaith? Dylwn fod wedi rhoi ebychnod ar ôl y gofynnod ar ddiwedd y frawddeg ddiwethaf. Dysgais beth arall go bwysig. Byddai unrhyw feirniadaeth ymosodol ar athrawon Coleg Aberystwyth yn ymosodiad ar y tywysog ei hun ac nid oedd y wasg a'r cyfryngau Seisnigaidd am fod yn euog o hynny, er y byddai rhagfarn George Thomas yn ei orfodi, cyn bo hir, i wneud hynny yn y cudd mewn llythyr at y Prif Weinidog.

A oedd hyn yn gwneud y frenhiniaeth yn fwy derbyniol nag erioed? Byddaf yn amau hynny, er bod rhaid cydnabod hefyd fod gan George Thomas ei ddisgyblion ffyddlon yn y Gymru gyfoes. Ond gellir ychwanegu ambell sylw at hynny. Daeth y tywysog i mewn i'r labordy iaith un bore yn wên o glust i glust. Fel y dywedodd ei hun mewn un araith gyhoeddus, byddai carfan o wragedd canol oed a hŷn wrth ddrws y coleg bob bore i'w groesawu ac yn barod i fynd i ryfel yn erbyn protestwyr. Un bore dywedodd, 'Bore da, shwd y'ch chi?' wrth un ohonynt. Gwridodd honno a dweud yn swil, 'I'm sorry, I don't speak Welsh.' Buddugoliaeth bersonol a'i harwyddocâd yn ehangach ac yn werthfawr! Yr oedd o leiaf yn rhoi geirda newydd i ddysgu'r iaith. Yr wyf am fentro dweud hefyd fod ei areithio cyhoeddus yn Gymraeg wedi cael derbyniad ffafriol. I'w baratoi ar gyfer ei anerchiad cyntaf, recordiais y cwbl ar dâp a gadael bylchau fel y gallai ailadrodd y geiriau a'r patrymau ei hun. Clywais wedyn fod rhai o fyfyrwyr Neuadd Pantycelyn wedi blino'n lân ar glywed fy llais i yn atseinio trwy'r tywyllwch yn yr hwyr. Y tu allan i furiau'r coleg yr oedd yr ymateb i'r siarad cyhoeddus hwn yn gymysg o deyrngarwch i aer y goron a pheth syndod parchus.

Wedi traethu'n ddifrifol am ymweliad yr aer i goron Lloegr, rhaid i mi adrodd stori fach ysgafnach amdano. Pan oedd y tywysog yn arfer treulio rhai oriau yn y labordy iaith yr oedd Andras fy mab tua thair oed, a byddai yn arfer rhedeg i mewn weithiau i'r Hen Goleg gan adael ei fam yn y car y tu allan. Daeth diwedd ar un prynhawn o waith ac yr oeddwn yn cerdded gyda'r tywysog at ddrws y coleg. Dyma'r adeg pan oedd cân Dafydd Iwan i Garlo newydd ymddangos a byddai fy mab bychan yn arfer gwrando'n fynych ar y record gyda mi yn y tŷ. Dyma gwrdd ag ef wrth y drws. 'Wyt ti'n gwybod pwy yw hwn?' gofynnais iddo. Edrychodd Andras ar y tywysog ac atebodd, 'Carlo.'

◆

Jamie: Beth am Prince Charles fel dyn, 'te? O'ch chi wedi dod i'w nabod e o gwbl? Beth oedd eich teimladau chi amdano fel person, yn hytrach nag fel symbol?

Tedi: Wel, mae'n rhaid i fi ddweud 'mod i wedi dod yn eithaf cyfarwydd ag e. Roedd un awr yr wythnos gen i o seminar ac ro'n i wedi paratoi pynciau ar ei gyfer e. Roedd e'n rhydd i siarad ac yn sôn am ei brofiad ymhlith y Cymry Cymraeg, ac ro'n i'n dod i'w nabod e'n well – roedd e'n iawn gyda mi a gyda phobl eraill hefyd. Ro'ch chi'n gallu ymlacio gydag e yn ystod yr awr yna.

Jamie: Oedd e'n hoffi cael jôc?

Tedi: Oedd, oedd!

Lledu'r Gair

CEFAIS GYFLE yn gynnar yn y saithdegau i ehangu dysgu'r iaith trwy gyfrwng y teledu. Gofynnwyd i mi gyflwyno'r gyfres deledu *Cymraeg i Bawb* ar HTV Cymru, cyfres a luniwyd gan Alun Jones, athro'r Gymraeg yn Ysgol Ramadeg Pontypridd. Dyma brofiad arall go newydd a heriol. Gwersi byr oedd y rhain, rhyw bum munud bob nos cyn y newyddion am chwech o'r gloch, pump a thrigain o wersi yn dysgu patrymau'r iaith lafar. Trewais ar un syniad a oedd yn hwyluso'r dysgu hwn. Gofynnais am gamera uwch fy mhen a fyddai'n ffilmio'r patrwm yn tyfu wrth i mi ei ysgrifennu a siarad amdano. Fe weithiodd y datblygiad hwn yn dda. Peth arall a wnaed yn weddol fynych oedd cael ymwelydd a'i gyfweld yn fyr. Bu Barry John yn un o'r rhain. Beth bynnag am y gwylwyr, dangosodd criw teledu'r rhaglen ddiddordeb anghyffredin!

Braint arbennig i mi yn y cyfnod hwn oedd fy mod yn aelod o garfan fach a aeth ati i sefydlu Cymdeithas Cynghorau Bro a Thref Cymru. Cefais gyfle yn gynnar yn saithdegau'r ganrif i deithio Cymru gyda gwyrda ardderchog fel Isgoed Williams, Melfydd George a Gwynn Bowyer, oedd i gyd yn gynghorwyr etholedig, i ymweld â chynrychiolwyr bro a thref ledled Cymru i'w hargyhoeddi o'r angen mawr am gymdeithas genedlaethol i fod yn gefn i'w chynghorau. Bûm yn gynghorydd tref a bro mewn gwahanol ardaloedd ers rhai blynyddoedd ac yr oedd y lleill hwythau yn dra phrofiadol. Nid y llond car yma oedd yr unig un, wrth gwrs, a rhan arbennig o waith cenhadol pawb, a oedd yn iechyd arall i'r ysbryd, oedd cyfarfod â Chymry gwlatgar, cyfrifol, a oedd yn gwasanaethu eu hardaloedd eu hunain mewn llawer man. Y sefyllfa ar y pryd oedd mai un gymdeithas 'genedlaethol' a oedd yn gwasanaethu cynghorau Cymru, sef y National Association of Local Councils, a honno yn gymdeithas Seisnig a'i phencadlys a'i gweinyddiad wedi'u canoli yn Lloegr. Cafwyd sawl cwyn na wyddai swyddogion y gymdeithas hon ddim am Gymru ac nad oeddynt yn barod i ddysgu am anghenion a phroblemau cynghorau bro Cymru. Nid oeddynt byth yn defnyddio'r iaith Gymraeg. Gwir fod ambell gynghorydd wrth ei fodd yn mynd i Lundain ar gost ei gyngor i gyfarfodydd y gymdeithas Seisnig, a gwir hefyd fod ambell Gymro adnabyddus (fel Arwyddfardd yr Eisteddfod Genedlaethol ar y pryd) yn elyniaethus i sefydlu cymdeithas annibynnol i Gymru. Daeth yr aelod amlwg hwn o'r Orsedd i'r coleg i geisio fy argyhoeddi i beidio â sefydlu'r fath gymdeithas. Ond ar y cyfan cafwyd ymateb cadarnhaol a gobeithiol.

Aeth y gwaith cenhadol ymlaen am ryw ddwy flynedd a sefydlwyd Cymdeithas Cynghorau Bro a Thref Cymru yn y flwyddyn 1976. Cynhaliwyd y cyfarfod cyffredinol cyntaf oll y flwyddyn nesaf yn Aberystwyth pryd yr adroddwyd bod dros gant o gynghorau eisoes yn aelodau o'r gymdeithas newydd. Ac afraid dweud fod y Gymraeg yn amlwg iawn yn y cyfarfod hwn ac yn ein holl gyfarfodydd. Buom yn eithriadol ffodus i gael y diweddar Dr Wynne Samuel yn ysgrifennydd cyffredinol, gŵr disglair ym myd y gyfraith a swyddog profiadol ym maes llywodraeth leol. Yr oedd sefydlu'r gymdeithas newydd yn llwyddiant unigryw, digymar yn hanes llywodraeth leol yng Nghymru, meddai Dr Wynne wrth annerch y gynhadledd. Soniodd am y gymdeithas fel:

> ... the first to bind together units of local government in Wales inside a framework which had a Welsh identity, its own executive powers, and freedom to co-operate as a free and equal body with other associations in England, Scotland, or indeed any other country in the world.

Mae'n rhaid dweud fy mod yn ystyried sefydlu'r gymdeithas hon yn 'fodel' bychan o'r Gymru ymreolus a hefyd, wrth reswm, byddai'n llawer mwy effeithiol ac yn gallu ymateb yn gyflymach ac yn well i anghenion yr aelodau. Aeth gwaith y gymdeithas ymlaen o nerth i nerth. Cyhoeddwyd papur newydd, *Bro*, ar gyfer y cynghorau oedd yn aelodau ohoni, a neilltuwyd yr ail dudalen ar gyfer ateb ceisiadau a phroblemau ym myd y gyfraith. Yr oeddwn i wedi cael fy ethol yn olygydd ac ysgrifennydd adran y gyfraith, dan gadeiryddiaeth yr Athro Dafydd Jenkins, ond rhaid i mi frysio i ddweud fy mod yn dibynnu ar ei gefnogaeth arbenigol ef ac yn bennaf, yn nes ymlaen, ar gymorth arbenigol a thra gwerthfawr Dr Wynne Samuel. Cyn bo hir cododd aelodaeth y gymdeithas i ddau gant a hanner o gynghorau. Cyhoeddwyd dau lyfryn o waith Dr Wynne, sef *Yr Her i Lywodraeth Leol. The Challenge to Local Government*, ac un arall a oedd yn gymorth gwerthfawr, *Cymorth i'r Clerc. Clerk's Companion*. Yr oedd Dr Wynne yn allweddol i'r gwaith o roi cyngor, cefnogaeth ac arweiniad i'n haelodau yn y blynyddoedd cyntaf. Gwnaeth y fath argraff wrth gyflwyno achos y cynghorau bro gerbron swyddogion y Swyddfa Gymreig fel y cynigiwyd iddo swydd enillfawr fel ymgynghorydd. Gwrthododd y swydd hon ac yntau'n credu fod gweld y gymdeithas newydd yn ymgryfhau ac yn ymsefydlu ym myd llywodraeth leol yn werthfawrocach o lawer. Agorwyd swyddfa yn Aberystwyth, penodwyd nifer o swyddogion eraill, cynhaliwyd cyfarfodydd cylch a seminarau yn gefn i'r aelodau ac aeth y gynhadledd flynyddol ymlaen yn llwyddiannus. Gymaint oedd poblogrwydd y gymdeithas Gymreig fel y gorfodwyd ein gwrthwynebwyr gynt i ddod atom a dangos parodrwydd i uno'r ddwy gymdeithas yn un corff cenedlaethol.

Rhaid i mi sôn am un peth dymunol a ddaeth i'm rhan erbyn Eisteddfod Genedlaethol Caerdydd, 1978. Fe gynigiwyd Urdd Derwydd er Anrhydedd i mi gan yr Orsedd, a minnau wedi fy ngeni a'm magu yng Nghaerdydd. A dweud y gwir, yr oeddwn yn ystyried hyn yn dipyn o anrhydedd ac yr oeddwn yn falch iawn i'w dderbyn. Serch hynny, bu'n rhaid i mi ofyn i Geraint Bowen, yr Archdderwydd, beidio â sôn am ddysgu'r Tywysog Charles wrth lunio'r 'nodiadau ar gymwysterau', chwedl yntau, amdanaf. Mae'n dda gennyf ddweud fod Geraint wedi cytuno ar unwaith i wneud hynny.

◆

Jamie: Rydych chi'n sôn am gael eich urddo ac am ofyn i
Geraint Bowen, yr Archdderwydd, beidio â sôn am
y ffaith eich bod wedi dysgu'r Tywysog Charles.

Tedi: Mae'n debyg ei fod e'n mynd i wneud ond ro'n i'n
nabod y dyn yn iawn a gofynnais iddo beidio –
doeddwn i ddim eisiau sôn am hynny. Os y'ch chi
am gynnwys hwnna dwi'n gwrthod yr anrhydedd!
Ac roedd e'n gwbl fodlon – 'Iawn,' wedodd e.

Jamie: Pam oeddech chi wedi gofyn iddo fe beidio sôn
amdano fe? Oedd pobl wedi bod yn gas wrthoch
chi'r adeg o'ch chi'n ei ddysgu e?

Tedi: Ambell un, ond dim llawer a dweud y gwir.

Jamie: Oes 'na reswm arall pam nad y'ch chi'n hoffi sôn
am y peth?

Tedi: Wel, dwi ddim yn freniniaethwr ond ro'n i'n falch
ei fod e'n moyn dysgu rhywfaint o Gymraeg a dod
i wybod am fywyd Cymru. Roedd rhai pobl yn
meddwl bod y peth yn wych, ddim o ran dysgu'r
iaith, ond achos 'mod i'n gweld y tywysog yn gyson
ac yn ymhél ag aelod o'r teulu brenhinol!

Jamie: O'ch rhan chi, oeddech chi'n ei weld e fel cyfle i
hysbysebu'r Gymraeg?

Tedi: Oeddwn. Ar ryw olwg ro'n i'n manteisio ar
edmygedd hollol anfeirniadol pobl o'r teulu
brenhinol. Ro'n i'n gallu dweud, 'Edrychwch!
Mae etifedd y goron yn mynd i ddysgu'r iaith –
beth amdanoch chi?' Doedd neb yn anghytuno â
hynny!

Jamie: Mae nifer o Gymry amlwg wedi derbyn
anrhydeddau yn ddiweddar. Ydyn nhw erioed
wedi cynnig OBE i chi?

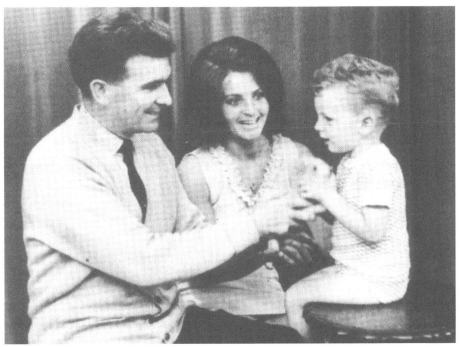

Gyda'r teulu

Cael fy urddo yn Eisteddfod
Genedlaethol Caerdydd 1978,
gydag Andras a Llio

Llio, Andras a fi

Trafod sefydlu Cymdeithas Cynghorau Bro a Thref ar faes yr Eisteddfod Genedlaethol yng Nghricieth, 1975. Melfydd George (chwith), Gwynn Bowyer (canol) a minnau ar y dde

Dr Wynne Samuel o Ystalyfera. Bu'n flaenllaw gyda Phlaid Cymru, ac yn ddiweddarach daeth yn ysgrifennydd cyffredinol Cymdeithas Cynghorau Bro a Thref Cymru

Gwynn Bowyer o Gaerfyrddin oedd ysgrifennydd cyntaf Cymdeithas Cynghorau Bro a Thref Cymru. Yn nes ymlaen daeth yn ysgrifennydd rhyngwladol i'r mudiad

Annerch Cymdeithas Cynghorau Bro a Thref Cymru

Trysorydd y gymdeithas, Melfydd George, Aberteifi

Isgoed Williams o Drawsfynydd. Disgrifiodd y gwmnïaeth wrth deithio mewn car hwnt ac yma o gwmpas Cymru yn cynnal cyfarfodydd y gymdeithas fel 'yr hwyl gorau a gefais i erioed.'

Arwyddo'r cytundeb rhwng Cymdeithas Cynghorau Bro a Thref Cymru a NALC Cymru
(National Association of Local Councils) yn y Senedd yng Nghaerdydd

Papur Cymdeithas Cynghorau Bro a Thref Cymru. Roedd y cyhoeddiad chwarterol hwn yn
llawn llythyron ac erthyglau oedd yn ymwneud â llywodraeth leol

Dau gyfnod gwahanol yn Adran y Gymraeg, Prifysgol Cymru, Aberystwyth, 1975 (uchod) ac 1993 (isod)

Tynnu llun cyn ymddeol

Yn cael mynd yn un
o awyrennau'r Clwb
Hedfan mewn sioe
awyrennau yn San
Antonio, Texas

Yn fy seithfed nef
yn sefyll ger awyren
Heinkel 111 o'r Almaen

Jamie a minnau wedi mwynhau cwmni'n gilydd

Tedi: Naddo, ond byddwn i wedi gwrthod. Yn y sgyrsiau rhydd â'r tywysog ro'n i'n cynnig fy marn ac roedd e'n gwybod yn iawn beth oedd fy marn i am anrhydeddau brenhinol. Ro'n i'n ofni am beth amser ei fod e mynd i gynnig rhywbeth fel 'na ond byddwn i wedi gwrthod ta beth, a dwi'n credu ei fod e'n gweld hynny.

◆

Y digwyddiad pwysicaf yn hanes cenedlaetholdeb Cymru yn y cyfnod hwn oedd penderfyniad Gwynfor Evans yn 1980 i ymprydio hyd at farwolaeth fel protest yn erbyn penderfyniad sinigaidd arweinwyr y Llywodraeth Dorïaidd i dorri eu haddewid i sefydlu sianel deledu Gymraeg. Nid oedd eu polisi gwanllyd o ganiatáu ambell raglen Gymraeg ar ddwy sianel yn bodloni Gwynfor na llawer iawn o Gymry eraill, a minnau yn eu plith. Ymunais yn yr ymgyrch i beidio â thalu am drwydded deledu, ac ymddangos o flaen yr ynadon mewn llysoedd yn ardal Aberystwyth o'r herwydd, ond daeth yn amlwg na fyddai'r ymgyrch hon yn ddigonol. Fel llawer un arall eto, yr oedd fy nheimladau wrth glywed am fwriad syfrdanol Gwynfor yn gymysg ddigon. Edmygedd mawr a brofwyd i ddechrau, ond sylweddolais hefyd y byddai Gwynfor yn sicr o fynd i'r pen pe teimlai fod rhaid. Pe bai hynny yn digwydd byddai rhaid i mi weithredu mewn rhyw fodd – gydag eraill o gyffelyb fryd. O'r diwedd cafwyd buddugoliaeth, a rhan Gwynfor yn y fuddugoliaeth honno oedd y rhan allweddol. Bu ef yn drech na phŵer a rhagrith y llywodraeth ganol. O'r herwydd, daeth yr hyn a oedd yn prysur ddatblygu yn gyfnod gwir chwyldroadol i ben yn fuan. Pe bai'r gwaethaf wedi digwydd, ni allai'r mwyaf ofnus ohonom fod wedi sefyll o'r neilltu heb wneud dim.

◆

Jamie: Ydych chi'n ymwybodol o'r hyn sydd wedi bod yn digwydd ym Mhantycelyn? Eleni mae'r ystafelloedd cymdeithasol lawr grisiau ar agor ond does neb yn byw yna. Wedyn maen nhw wedi dweud y bydd hi'n agor eto fel neuadd breswyl ymhen pedair blynedd. Dwi'n pryderu am hynny, ond oes gennych chi unrhyw deimladau am Bantycelyn? Ydych chi'n credu bod rhywle fel Pantycelyn yn bwysig?

Tedi: Ydy, yn hollbwysig. Ro'n i'n llwyr gytuno â'r myfyrwyr oedd yn gweithredu dros y neuadd. Mae'n hwb mawr ac yn galluogi pobl i fyw eu bywyd trwy'r Gymraeg yn gwbl naturiol. Hyd yn oed os nad y'ch chi'n gwneud Cymraeg fel pwnc yn y coleg, mae'r bywyd Cymraeg yn bod ac yn fywiog ym Mhantycelyn. Ydyn nhw'n bwriadu creu neuadd Gymraeg arall?

Jamie: Ar hyn o bryd, yr addewid yw y byddan nhw'n adnewyddu Pantycelyn a'i hailagor o fewn tair neu bedair blynedd. Mae pryderon ynghylch a fyddan nhw'n cadw at yr addewid hwnnw. Mae 'na ryw ardal yn Fferm Penglais i fod, ond bydd pawb yn byw mewn unedau bach gyda llawer llai o le cymdeithasol.

Tedi: O, mae'n bwysig cael cymuned. Mae pobl yn mynd i Bantycelyn gan wybod eu bod nhw'n gallu ymuno â'r gymuned yn Gymraeg.

Jamie: Oes angen i ni weithredu dros yr iaith o hyd heddiw?

Tedi: Oes, fel merched a bechgyn Pantycelyn. Maen nhw'n iawn i wrthwynebu a gorymdeithio a siarad mewn pwyllgorau yn y coleg – maen nhw'n mynd y ffordd iawn.

Hoff Bynciau Academaidd

D YMA DDYFYNIAD o gyfrol Thomas Parry, *Hanes Llenyddiaeth Gymraeg hyd 1900*, mor bell yn ôl â'r flwyddyn 1945:

> ... diau mai rhyfyg anghyfrifol y cyfrifir yr ymgais i drafod cymhlethdod y bedwaredd ganrif ar bymtheg mewn tair pennod – canrif nad ydys ond yn dechrau ei hadnabod.

Oherwydd anwybyddu'r ffaith hon magwyd cenedlaethau o haneswyr llên a myfyrwyr yn eu tro, a'r rheiny yn camddisgrifio a chamddehongli esiampl Daniel Owen a llenorion eraill y cyfnod. Fel y dengys eu rhagymadroddion – a Daniel Owen a'i weinidog Roger Edwards yn eu plith – gwyddai'r awduron fod y rhagfarn biwritanaidd yn erbyn ffuglen yn gyndyn iawn i fynd heibio, ond ni wnaeth hynny atal y llif o storïau o bob math yn y cyfryngau cyfnodol. Serch hynny, gellid dyfynnu barn sawl hanesydd llên yn hawlio nad oedd y nofel yn ffurf fyw yn ail hanner y bedwaredd ganrif ar bymtheg ac mai arloeswr unig oedd Daniel Owen. Cyhoeddais ddwy restr o nofelau'r ganrif yn ddiweddarach i ddangos nad gwir hynny. Aeth meibion y Parch. John Thomas, Lerpwl, ati i baratoi ei nofel ddirwestol *Arthur Llwyd y Felin* ar gyfer ei chyhoeddi rhwng cloriau yn 1893, wedi iddi ymddangos mewn rhannau yn *Y Tyst a'r Dydd* yn 1879. Gwyddent hwy yn iawn am boblogrwydd darllen ffuglen:

Er y pryd hwnnw, hefyd, y mae cryn ddarllen wedi bod ar nofelau Cymreig. Y mae'r don genedlaethol sydd wedi ysgubo dros y Dywysogaeth yn ystod y deng mlynedd diweddaf wedi arwain llenorion Cymreig i ysgrifennu llawer o bethau diddorol a buddiol ynglŷn â'n gwlad a'i harferion drwy gyfrwng ffugchwedlau.

Gellid yn hawdd ychwanegu at y dystiolaeth gyfoes hon. Tystiodd y Parch. John Owen, cofiannydd a chyfaill Daniel Owen, fod y nofelydd yn ddarllenwr 'mawr' a 'hynod o gyflym', gan ychwanegu:

Y mae yn amheus gennym a oedd yna yng Nghymru, y tu allan i swyddfeydd y Wasg, ddarllenwr eangach ar newyddiaduron. Derbyniai a darllenai braidd yr oll o'r newyddiaduron Cymreig a gyhoeddid.

Ailadroddwyd hyn gan y Parch. J. J. Morgan, yr Wyddgrug. Serch hynny, mor ddiweddar â'r flwyddyn 2008, dyry *Gwyddoniadur Cymru*'r argraff mai dim ond gweithiau dirwestol a ymddangosodd yn ail hanner y bedwaredd ganrif ar bymtheg. Yr oedd rhaid aros am fuddugoliaeth 'swît Research', os caf fentro defnyddio ymadrodd Williams Parry mewn cyswllt arall. Flwyddyn ar ôl hyn, yn 2009, tynnais sylw at rai nofelau Fictoraidd sydd yn trafod problemau diwydiant yng Nghymru. O ystyried tystiolaeth y nofelau hyn, gellir gweld fod Daniel Owen yn *Rhys Lewis* wedi dysgu llawer am lunio cymeriadau yn y cyd-destun diwydiannol a'i fod hefyd yn mabwysiadu safbwynt tebyg i'w gyd-awduron o ran ei syniad am werth a moesoldeb streicio. Er enghraifft, y mae

Huw Morgan yn y nofel ddiawdur *Cyfoethog a Thlawd* (1879) a
Joseph Llwyd yn *Walter Llwyd neu Helyntion y Glöwr* (1877),
gan Adolphus, yn gymeriadau tebyg iawn i Abraham Jones yn
Rhys Lewis. Nid oedd Daniel Owen heb ei gymdeithas o gyd-
awduron a chamddehongliad o'i waith ac o gynnyrch y ganrif
yn gyffredinol yw glynu wrth yr hen fyth ei fod yn arloeswr.

Caf faddeuant, gobeithio, am ddweud fod yr agwedd
draddodiadol at farddoniaeth Oes Victoria'r un mor
gamarweiniol o ddethol. Tan yn ddiweddar ni chafwyd
fawr ddim cais i ystyried y canu hwnnw yn ei gyd-destun
cymdeithasol, syniadol a hanesyddol. Er enghraifft,
anwybyddwyd yr angen, yn wir, yr angenrheidrwydd, i
werthfawrogi seiliau moesol teimladusrwydd y beirdd
Cymraeg. Ffrwyth camddarllen prydyddiaeth Oes Victoria
yw camddeall ein diwylliant yn y cyfnod cynhyrchiol
hwnnw. Digon oedd galw sentiment beirdd y cerddi byrion
yn sentimentaliaeth; yr oedd yn 'ferfaidd', yn 'goegfeddal', yn
'anniffuant', yn 'anonest'. Ond y gwir yw bod seiliau moesol i
ganu teimladus y beirdd. Yr oedd darllen (neu wrando mewn
cyngerdd) am y cyffredin mud mewn cymdeithas, y tlodion
difreintiedig ond daionus, y mamau diwyd, cariadus, tlawd a
rhinweddol, y cartref cysgodol a oedd yn gaer amddiffynnol yn
erbyn datblygiadau gwaethaf oes o newid cyflym, a'r amddifad
hefyd, i gyd yn foddion i ddeffro'r teimladau gorau, sef
tosturi, cariad a chydymdeimlad, a fyddai'n creu edmygedd,
cefnogaeth, elusen a gweithredoedd da. Gwaith y bardd oedd
canu am y cyfan sydd yn hardd a gobeithiol yn y natur ddynol.
Gwir bod y canu hwn ar brydiau yn bersonol, yn hytrach na
chymdeithasol a gwleidyddol. Nid oedd y Mudiad Llafur a'r

Wladwriaeth Les yn bod eto. Rhaid oedd aros cyn i'r agweddau hynny aeddfedu. Cam sylfaenol â'r canu poblogaidd teimladus yw ei dynnu o'i gyd-destun moesol a chymdeithasol a gwneud dim ond meithrin agwedd lenyddol ffroenuchel.

Yn yr un modd, cynnyrch dylanwad mall yr eisteddfod a'r awydd i ddynwared y Saeson oedd y canu arwrol – dim mwy na hynny – meddai'r beirniaid llenyddol. Dywedodd Thomas Parry eto ei bod yn wir am farddoniaeth Oes Victoria 'ac am farddoniaeth y ganrif yn gyffredinol … iddi golli pob gwir gyswllt â bywyd'. Unwaith eto, dyma anwybyddu argyhoeddiadau beirdd y pryddestau am arwyr y gorffennol a chau'r llygaid a'r meddwl ar natur yr oes fwyaf clodforus i weithredoedd Lloegr ar draws yr ymerodraeth fwyaf yn hanes y byd. Pa le oedd i Gymru fach yn y fath fyd? Lluniais draethawd doethuriaeth a llyfr ar y thema honno, *Yr Arwrgerdd Gymraeg: Ei Thwf a'i Thranc* (1998). Ateb beirdd yr arwrgerdd wrth glodfori hanes Arthur, Llywelyn Fawr, Glyndŵr, Hywel Dda a'r gweddill oedd dangos fod i Gymru hithau ei hanes dewr, a'i gwnâi yn deilwng o le anrhydeddus mewn ymerodraeth a oedd wedi meddiannu chwarter y byd, a hefyd fod yr hanes hwnnw yn gais i godi ysbryd y genedl ac argyhoeddi'r Cymry eu bod yn 'genedl o bobl ddewrion', chwedl Isaac Foulkes yn un o'i ramantau, pobl a oedd yn llawn haeddu sefyll ysgwydd wrth ysgwydd â llywodraethwyr yr ymerodraeth fyd-eang. 'Ychydig o werth llenyddol' sydd i ramant Foulkes, meddir yn y *Cydymaith i Lenyddiaeth Cymru*. Ie, ond amcan y rhamantwyr, yn union fel beirdd y pryddestau hanesyddol, oedd creu seicoleg newydd, gryfach a phwysicach ymhlith y Cymry yn oes yr Ymerodraeth Brydeinig; troi *poor little Wales* yn *brave little Wales* a allai gymryd ei lle yn ddigwestiwn ac yn haeddiannol gyda'r Saeson yn yr ymerodraeth fawr. Dyna'r trywydd a ddilynais yn y gyfrol *Yr Arwrgerdd Gymraeg*:

> Fel beirdd Lloegr ac Ewrop gynt, yr oedd cymhelliad gwladgarol gan y beirdd Cymraeg. Rhaid oedd dyrchafu Cymru yn wlad yr arwrgerdd genedlaethol a'i gosod yn gydradd â Lloegr (yn fwyaf arbennig) a gwledydd eraill … Tynnwyd darlun o wrhydri Cymreig yr hen oesoedd a hawliai ei le yng ngwaith bendithiol, onid dwyfol, yr Ymerodraeth Brydeinig fyd-eang.

Pwnc arall a esgeuluswyd, gan ein haneswyr y tro hwn – yw agwedd Cymry Oes Victoria yn gyffredinol at imperialaeth y cyfnod. Y mae'r astudiaethau Saesneg, yn aneirif, wrth gwrs ac y maent ymhell o fod yn folawd anfeirniadol: *The Fall of the First British Empire*; *The Rise and Fall of the British Empire*; *The Decline and Fall of the British Empire*; *The Collapse of British Power*; *An Empire on Trial* ac yn y blaen. Gellir chwilio'n hir yng nghyfrolau haneswyr o bwys fel David Williams, Kenneth O. Morgan a John Davies am waith yn ymhelaethu ar imperialaeth rymus Oes Victoria. Cytuna'r haneswyr Saesneg fod imperialaeth Lloegr yn gryfach ac yn fwy ymosodol byth yn chwarter olaf y bedwaredd ganrif ar bymtheg, ac fe'i gelwir yn gyfnod yr Imperialaeth Newydd. Yn ôl Kenneth Morgan ymddangosodd y Gymru Newydd yn wythdegau'r ganrif. Ond mae'n amlwg nad oedd o'r farn fod yr Imperialaeth Newydd yn ddylanwad o bwys yn y cyfnod hwnnw. Y mae anwybyddu'r gwrthwynebiad i ysbryd newydd yr oes yn peri bod y darlun o'r cyfnod a'n dealltwriaeth ohono yn anghyflawn ac yn gamarweiniol.

Mynnodd yr hanesydd crefydd, R. Tudur Jones, fod 'yr ysbryd ymerodrol yn prysur lyncu Cymru' ym mlynyddoedd olaf y ganrif ac aeth ymlaen i drafod yr ymateb eithafol, a dweud y lleiaf, i farwolaeth y Frenhines Victoria. Dyry'r hysbyseb a gynhyrchwyd gan wasg Hughes a'i Fab ar gyfer cyfrol Griffith Ellis am y frenhines syniad da am yr ymateb hwnnw. Yr oedd yn dda gennyf weld bod yr hanesydd Russell Davies, yn ei gyfrolau diweddar ar hanes cymdeithasol Cymru, yn trafod dylanwad yr ysbryd ymerodrol ar y Cymry dan benawdau diddorol fel 'Wales and the World', 'Wales at War' a 'The Jewel in the Crown'. Ond yr wyf yn mentro dweud mai eithriadau (eithriadau i'w croesawu) yw'r rhain.

Gŵr a gytunai'n llwyr â mi ar y pwnc hwn oedd y cyfaill Hywel Teifi Edwards. Fel y gŵyr pawb, cymeriad ffrwydrol, diflewyn-ar-dafod oedd Hywel a gyfrannodd yn helaeth at ein gwybodaeth am lên a bywyd Oes Victoria. Yn wahanol i mi, fe'i magwyd mewn ardal gwbl Gymraeg a Chymry Cymraeg oedd ei deulu i gyd. Un prynhawn yr oeddwn yn eistedd yn dawel yn y Llyfrgell Genedlaethol yn gweithio ar gyfraniad yn sôn am agwedd y Cymry a'r llenorion at y Frenhines Victoria yn ystod ei Jiwbilî Aur. Adeg dathlu hanner can mlynedd teyrnasiad Elizabeth oedd hi, ac yr oeddwn yn teimlo mai da o beth am fwy nag un rheswm fyddai dysgu rhywbeth am y dathlu a'r ysgrifennu yng nghyfnod teyrnasiad Victoria. Dyma Hywel yn brasgamu i mewn i'r Ystafell Ddarllen. Gwelodd fy mod yno a daeth ataf ar unwaith, fy nghyfarch a gofyn beth yr oeddwn yn ei wneud. Dywedais wrtho a'i ymateb sydyn oedd dweud yn hyglyw, gweiddi yn wir yn nhawelwch yr ystafell: 'Blydi hel, dyna syniad da!' Cododd rhyw hanner cant

o weithwyr eu pennau o'u darllen a'u hysgrifennu. Dywedodd
Hywel y byddai ef yn ysgrifennu cyfraniad a gallem gyhoeddi'r
ddau gyda'i gilydd. Canolbwyntiodd ef ar yr agwedd at Jiwbilî
Aur Victoria yn 1887 a minnau ar ei Jiwbilî Ddiemwnt yn 1897.
Dyna hanes cyhoeddi'r llyfryn *Jiwbilî'r Fam Wen Fawr.*

Menter fwy byth oedd i mi fynd ati yn grynedig i'r maes
fel hanesydd cymdeithasol yn *Y Traethodydd.* Rhan o'r pleser
o wneud hyn oedd dangos cyfraniad rhai a anghofiwyd, fel
Evan Pan Jones ac Elphin. Rhaid oedd tynnu sylw at Pan
Jones fel prydydd a golygydd y cylchgrawn amheuthun *Cwrs
y Byd* a'r papur newydd *Y Celt.* Yng nghanol y mawl eithafol i
Victoria adeg ei marwolaeth, ysgrifennodd Pan Jones erthygl
unigryw yn sôn amdani fel 'Tori tyn', cyfoethog, rhyfelgar,
anghristionogol, gan gloi ei sylwadau â rhai penillion chwyrn:

> Tori oedd o ben a chalon,
> Triniodd Gladstone yn ddifoes,
> Cyfres o ryfeloedd creulon
> Bron yn gyson fu ei hoes;
> Ond dywedir 'nawr ysywaeth,
> Iddi ymladd rhai'n (*sic*) bob un
> O'i choroniad i'w marwolaeth,
> I wasanaeth Duw a dyn.
>
> Dewr gefnogydd Cristionogaeth,
> Cleddyf, bidog, tywallt gwaed,
> Gwrthwynebwyr ei huchafiaeth,
> Sathrai'n filoedd dan ei thraed;
> Ond dywedir 'nawr ysywaeth,
> Iddi ymladd rhai'n bob un,

O'i choroniad i'w marwolaeth,
I wasanaeth Duw a dyn.

Gallai Ioan Dderwen o Fôn fod yr un mor chwyrn yn erbyn
yr imperialaeth gyfoes, fel Elphin yntau a gafodd beth sylw
fel bardd, ond nid fel beirniad taer yn erbyn y rhyfela yn
Omdurman a De Affrica. Cymer y gwŷr hyn eu lle wrth ochr
rhai mwy adnabyddus fel Michael D. Jones ac Emrys ap Iwan
fel beirniaid di-ofn yn sefyll yn erbyn propaganda ac agwedd
meddwl oes ymerodrol. Hyd yn hyn, fe ddeil ein hanes o'r
cyfnod hwn ac effaith yr imperialaeth gyfoes ar y Cymry yn
fylchog ac anghyflawn oherwydd amharodrwydd ein haneswyr
i ymchwilio i gyfraniad y gwŷr a grybwyllwyd ac eraill. Gellir
dweud bod dylanwad y ganrif honno yn dal yn fyw yn ein
gwlad ni hyd y dydd hwn. Na, na, hen agweddau a fu farw ers
tro yw'r rhain, meddir. Nid dyna farn Piers Brendon: 'the spirit
of imperialism is not dead: it haunts the modern world and its
manifestations are legion.' Pa beth yw'r agwedd negyddol at
annibyniaeth i'r Alban a Chymru ond gweddillion imperialaeth
y gorffennol? Nid Brendon yw'r unig un o haneswyr yr
Ymerodraeth Brydeinig i draethu'r farn a ddyfynnwyd. Ond fel
y dywedwyd, Saeson yw'r rhain, wrth gwrs.

Bu colli Hywel Teifi Edwards yn ergyd ddifrifol i fywyd y
genedl ac yn golled i'n bywyd diwylliannol. Ond rhaid dweud
bod ymchwiliadau i lên Oes Victoria wedi amlhau a'r hen
ystrydebau ynglŷn â'r cyfnod yn cilio, a Hywel biau'r clod am
gryn dipyn o'r newid hwnnw. Serch hynny, erys llawer i'w
wneud. Er gwaethaf gwaith prysur y Llyfrgell Genedlaethol,
nid yw cynnyrch cyfnodol y cyfnod – y cylchgronau liaws

a'r papurau newydd – ar-lein, ac mae hyn yn anfantais fawr i bawb na all ymweld yn rhwydd â'r llyfrgell yn Aberystwyth.

◆

Jamie: Beth y'ch chi'n meddwl yw eich llwyddiannau mwyaf yn y byd academaidd?

Tedi: Dwi'n falch 'mod i wedi dod â'r bedwaredd ganrif ar bymtheg yn fwy hysbys i bobl ac roedd fy nghyfeillgarwch â Hywel Teifi yn bwysig o'r safbwynt hwnnw. Ro'n i'n awyddus i drafod rhan y ganrif honno yn hanes y Gymraeg ac i ddangos bod Cymraeg yr ugeinfed ganrif wedi tyfu allan ohoni. Pan o'n i'n gwneud y cwrs Cymraeg yn y coleg, doedd braidd neb yn sôn am y bedwaredd ganrif ar bymtheg. Ro'n nhw'n derbyn barn y beirniaid am safon isel y gwaith ac yn ei anwybyddu felly. Wel, o ran safon lenyddol ro'n nhw'n iawn, dyw e ddim yn wych – gallwch rifo'r rhai da ar fysedd un llaw. Ond mae'n hollbwysig yn natblygiad llenyddiaeth Gymraeg a hanes y Gymraeg fel iaith. Mae'n rhaid i feirniaid llenyddol mawr ddysgu sut i drafod y bedwaredd ganrif ar bymtheg, a pheidio sôn am ystyriaethau llenyddol yn unig. Mae 'na bethau eraill i'w dweud am lenyddiaeth y cyfnod, fel beth ro'n nhw'n ei ddweud a beth ro'n nhw'n ei drafod a'r rhesymau hanesyddol a chymdeithasol y tu ôl i'r gwaith. Dwi'n gobeithio 'mod i, Hywel ac eraill wedi llwyddo i newid hynny.

A Gobaith ni Chywilyddia

Y MAE'N ANOCHEL fod dyn yn ystyried y presennol yng nghyd-destun ei orffennol personol. Aeth y Gymraeg yn wannach fel iaith gymdeithasol, gymunedol. Serch hynny, y mae gweld y twf aruthrol ym mudiad yr ysgolion Cymraeg yn galondid mawr. Ysbrydoliaeth arbennig i mi, wrth gwrs, yw gweld bod yr ysgolion Cymraeg yng Nghaerdydd yn amlhau yn rhyfeddol. Fel y gwyddys, y broblem ddifrifol ar hyn o bryd yw cael y disgyblion i siarad Cymraeg y tu allan i'r ysgol. Pe bai Cymru yn wlad ymreolus byddai'n haws datrys y broblem honno. Eto i gyd, y mae ymroddiad diflino a gweledigaeth y mudiad sydd y tu ôl i'r cynnydd mawr yn rhif yr ysgolion Cymraeg yn destun rhyfeddod a diolch, yn enwedig i rywun a faged yng Nghaerdydd gynt. Bellach y mae gorsafoedd teledu a radio Cymraeg gennym, er nad ydynt yn batrwm o iaith gywir a rhywiog, ac mae hynny i'w gymeradwyo yn ddibetrus. Fe ddeil Cyngor Llyfrau Cymru i fod yn gefn amhrisiadwy i awduron Cymru a'r cyfnodolion Cymraeg. Dyna destun rhyfeddod arall i mi, sef amrywiaeth cyfoethog cynnyrch ein hawduron a'r gweisg Cymreig. Ac fe ddeil ein Heisteddfod Genedlaethol yn sefydliad hollbwysig a llwyddiannus, er gwaethaf pob beirniadaeth negyddol.

Yn olaf, ond ymhell o fod yn lleiaf, mae gyda ni Senedd yn cyfarfod yng Nghaerdydd. Cam eithriadol bwysig ymlaen yw bod gennym ein llywodraeth genedlaethol ein hunain, er bod y llywodraeth honno, fel y gwyddys, yn anghyflawn ac yn ddim mwy na siop siarad mewn llawer maes pwysig. Bob hyn a hyn fe wêl ein meistri caredig yn Llundain yn dda i estyn ychydig o welliannau i ni, ac y mae'r amharodrwydd hwnnw'n newid yn gyflym. Ni allaf lai na dyfynnu peth o'r hyn a ddywedodd Emrys ap Iwan am y pwnc hwn dros ganrif yn ôl:

> O! fy meistr annwyl, pa beth a ddywedaf, pa fodd y traethaf fy niolch am eich cyfeiriad caredig at eich *poor* Taffi? Atolwg, gwnewch â mi fel y gweloch yn orau, canys gwyddoch pa rai ydyw fy anghenion yn well nag y gwn fy hun.

Nid oes gan Gymru bresenoldeb fel cenedl yn sefydliadau ac awdurdodau'r byd, fel yr Undeb Ewropeaidd a'r Cenhedloedd Unedig. Rhaid cyfaddef i mi ymuno â Phlaid Cymru yn y coleg amser maith yn ôl gan gredu bod angen grŵp pwyso cenedlaethol annibynnol. Y mae'r gred a'r sefyllfa honno wedi newid yn llwyr, mae'n dda gennyf ddweud. Y mae'r blaid yr ymunais â hi lawer blwyddyn yn ôl wedi tyfu yn blaid broffesiynol, ddylanwadol. Mae'n wir na chafwyd mwyafrif dros annibyniaeth i'r Alban. Ond yr oedd canlyniad y bleidlais honno yn eithriadol bwysig i Gymru, yn enwedig, wrth reswm, o gofio bod cefnogaeth mor sylweddol i annibyniaeth. Ni fydd yn bosibl i'r mwyaf adweithiol ymhlith yr ôl-imperialwyr yn y pleidiau gwleidyddol yn Llundain ac yng Nghaerdydd anwybyddu pleidlais o'r fath, ac y mae cynigion y llywodraeth yn Llundain yn dangos hynny eisoes. Yr wyf yn hynod falch fy mod yn dod â'r hanes hunangofiannol hwn i ben ar nodyn mor obeithiol. *Y mae pennod newydd o'r pwys mwyaf ar fin agor yng Nghymru.*

Ymddeolais yn gynnar o'r coleg er mwyn roi trefn ar ymchwil a oedd wedi ei hen gofrestru fel traethawd doethuriaeth ar hanes yr arwrgerdd Gymraeg, a chyhoeddwyd y gwaith hwn gan Brifysgol Cymru. Ar ben hyn yr oedd gennyf amser bellach i feithrin rhai hen ddiddordebau. Bûm yn nofio rhyw dair gwaith yr wythnos ym mhwll nofio'r coleg cyn cael aflwydd ar fy nghoes chwith a arweiniodd at ei cholli. Yr oedd gennyf ddiddordeb mewn hen gardiau post Cymreig a chesglais rai cannoedd ohonynt. Cardiau yn dyddio o flynyddoedd cynnar yr ugeinfed ganrif yw'r rhain ac y mae Dame Wales a'i merch brydferth yn llawer ohonynt. Thema gyfarwydd ynddynt yw'r anhawster y mae'r iaith Gymraeg a'r enwau hir ar lawer o lefydd yn ei beri i'r ymwelydd o Sais. Cyhoeddwyd detholiad o'r rhain gan Wasg Gomer yn 1996. Llyfryn arall a gyhoeddwyd – yng nghyfres Llafar Gwlad – oedd *'Gym'rwch chi Baned?' Traddodiad y Te Cymreig* (2000). Y rheswm y tu ôl i'r llyfr hwn oedd cynnig molawd personol i'r dail estron a ddaeth yn rhan mor bwysig o'n bywyd ni fel Cymry. Ceir ynddo ddyfyniadau mewn rhyddiaith a phrydyddiaeth a digonedd o luniau. Rhoddwyd croeso i'r ddau lyfr hyn, yn enwedig yr un ar de, fel y gellid disgwyl!

Nid wyf wedi colli fy niddordeb mewn awyrennau ychwaith. Fe'm gwahoddwyd i San Antonio, Texas, gan berthynas teuluol pell, a dyna un o'r gwyliau gorau a gefais, wedi i mi ddangos peth o Gymru iddo ef a'i wraig. Dysgais rywbeth am y diwylliant Sbaenaidd yn San Antonio ac aed â mi i sioe awyrennau fawr yng ngogledd y dalaith lle gwelais un o'r awyrennau a fu'n bomio

Caerdydd yn ystod yr Ail Ryfel Byd, yr Heinkel 111 – profiad annisgwyl a diddorol dros ben. Bûm yn euog o roi darlith fer i rai Americanwyr nad oeddynt yn gwybod dim amdani. Hefyd, bûm mor ffodus â chael y profiad o hedfan gydag ef ac un arall o'r aelodau ar amryw o'r awyrennau bach yn y clwb hedfan lle'r oedd yn aelod. Ni roddais y gorau ychwaith i ymchwil academaidd, ac es ati i dynnu sylw at y farn yng Nghymru ar imperialaeth hollbresennol y bedwaredd ganrif ar bymtheg, fel y nodais uchod.

◆

Jamie: Beth yw'r peth pwysicaf sydd wedi digwydd yng Nghymru yn ystod eich bywyd?

Tedi: Dwi'n credu bod cael ein Senedd ein hun fel ag y mae, yn ei holl wendidau ac yn y blaen, yn hollbwysig i Gymru – pobl yn meddwl am faterion Cymreig a'u trafod nhw, yn Gymraeg i raddau hefyd, ar wahân i broblemau Lloegr. Mae hynny'n hollbwysig i'r ymwybyddiaeth Gymreig yng Nghymru. Erbyn hyn mae pobl yn derbyn ein Senedd ni yn hollol naturiol, yn feirniadol yn fynych. Mae yna wendidau, wrth gwrs, ond ar y cyfan mae pobl yn derbyn y peth. Rydyn ni'n haeddu ein llywodraeth ein hun. Bob yn dipyn mae rhagor o rymoedd yn dod.

Jamie: Ydych chi'n cofio eich teimladau adeg refferendwm '79?

Tedi: Ro'n i'n teimlo bod angen ymgyrchu'n well, bod
        rhaid ymdrechu'n well – derbyn ein gweinyddiaeth
        ni yn ei holl wendidau ac adeiladu ar hynny. Dyna
        sydd wedi digwydd yn ddiweddar – adeiladu ar y
        seiliau sydd wedi eu gosod. Mae'n hollol naturiol i
        ofyn am ragor; bob yn dipyn mae grym yn dod ac
        mae hynny'n fy mlino i weithiau.

Jamie: Yn y pumdegau a'r chwedegau a oeddech yn
        rhagweld y byddai gan Gymru ei senedd ei hun
        erbyn hyn?

Tedi: Na, ddim yn y pumdegau. Doeddwn i ddim yn
        meddwl y byddai'n dod yn ystod fy mywyd i er
        bod yr ymwybyddiaeth yn tyfu. Enillwyd yr
        ail bleidlais wedyn, wrth gwrs, ond mae o hyd
        bobl sy'n elyniaethus i sefydlu unrhyw fath o
        weinyddiaeth Gymreig.

Jamie: Beth y'ch chi'n dal eisiau'i weld o ran annibyniaeth?

Tedi: Wel, mae eisiau sefydlu llywodraeth go iawn. Dyw
        hynny ddim yn meddwl eich bod yn torri pob
        cyswllt â Lloegr o gwbl. Datblygu annibyniaeth
        iachus heb orfod plygu i'r hyn sy'n digwydd yn
        Lloegr trwy'r amser, dyna beth sy'n anodd. Mae'r
        genedl wedi newid ei hagwedd ar y pwnc yn ystod
        fy amser i, a'r rhan fwyaf yn derbyn nawr.

Jamie: Oes dyfodol i'r iaith Gymraeg a Chymru?

Tedi: Oes, dwi'n credu, mae 'na ddigon o bethau sy'n
        codi fy nghalon i yng Nghymru bellach – dysgu'r

Gymraeg i bobl eraill, derbyn bod y llywodraeth yn beth cwbl naturiol a bod siarad yr iaith yn rhywbeth cwbl naturiol. Mae mwy a mwy o bobl yn credu hynny bellach. Mae hynny'n beth gobeithiol iawn. Mae mwy o bobl yn dysgu Cymraeg a mudiad yr ysgolion Cymraeg yn hollbwysig ac yn tyfu'n rymus iawn.

Jamie: Mae dau ddeg un y cant o blant yng Nghymru yn cael eu haddysg drwy gyfrwng y Gymraeg nawr.

Tedi: Yn fy mhrofiad i roedd pobl yn derbyn addysg cyfrwng Cymraeg heb ddadl. Roedd rhai ychydig yn eiddigeddus weithiau. Mae'r agwedd tuag at y Gymraeg wedi newid gryn dipyn ers fy nyddiau i.

Jamie: Dwi'n cofio fy nhad-cu yn dweud wrthyf, pan oeddwn i wedi dechrau gweithredu dros y Gymraeg: 'Oh Jamie, this Welsh business will only get you into trouble in the end!' Roedd yr agwedd honno wedi dod o'r oes pan oedd y Gymraeg yn cael ei gweld fel rhywbeth radicalaidd.

Tedi: Twf addysg cyfrwng Cymraeg yw un o'r pethau mwyaf gobeithiol i fi – yn enwedig mewn llefydd fel Caerdydd. Mae'n syndod y bobl sy'n ymuno ag addysg Gymraeg yng Nghaerdydd – pobl na fyddech byth yn meddwl am eiliad y bydden nhw'n gadael i'w plant ddysgu'r iaith. Sut mae'r sefyllfa ym Merthyr?

Jamie: Wel, fel y dywedais, mae Cyngor Llafur 'da ni! Agorodd yr ysgol Gymraeg newydd ddiwethaf ym Merthyr yn 1979. Mae hynny'n destun cywilydd i mi ond mae ymchwiliad gan y Comisiynydd wedi dechrau newid agweddau yn y Cyngor erbyn hyn. Mae 'na obaith.

Tedi: Beth yw agwedd y cyhoedd ym Merthyr?

Jamie: Mae agweddau wedi newid a phobl yn derbyn y Gymraeg fel rhywbeth naturiol. Mae 'na wrthwynebiad ym Merthyr o hyd, ond mae hynny'n wir am lefydd eraill hefyd.

◆

Dechreuais dyfu'n Gymro gynt mewn gwlad wahanol. Cyn i mi ymadael â'r fuchedd hon, hyderaf y byddaf yn ymfalchïo fy mod yn aelod o wlad sydd wedi adennill ei hunan-barch, gwlad sydd yn sefyll ysgwydd wrth ysgwydd â gwledydd cyfrifol eraill yn y byd hwn; cenedl sydd yn ymroi i sicrhau heddwch yn ein byd, yn ogystal â llwyddiant ein gwlad ein hunain. 'A gobaith ni chywilyddia.'

Cyhoeddiadau Dr E. G. Millward

1. Emyn, 'Moliant', *Y Llais*: Cylchgrawn Eglwys Annibynnol Minny Street, Caerdydd (Gorffennaf, 1947).
2. Cerdd: 'Dydd o Haf', *Baner ac Amserau Cymru* (15 Mai 1949).
3. 'Seremoni'r Cyhoeddi, Caerffili, 1949', *Baner ac Amserau Cymru* (27 Gorffennaf 1949).
4. 'Y Claf', *Baner ac Amserau Cymru* (7 Rhagfyr 1949).
5. 'Cân Serch', *Baner ac Amserau Cymru* (29 Mawrth 1950).
6. 'Bardd yr Argyfwng', *Baner ac Amserau Cymru* (9 Awst 1950).
7. 'Cân dros Dro', *Baner ac Amserau Cymru* (27 Rhagfyr 1950).
8. 'Cân y Meudwy wrth Ymadael', *Baner ac Amserau Cymru* (10 Ionawr 1951).
9. 'Soned', *Baner ac Amserau Cymru* (18 Ebrill 1951).
10. 'Trist ydyw'r cnawd, och fi', *Y Fflam*, 49 (Awst 1951).
11. 'Traddodiad yr Hen Foi Eto', *Baner ac Amserau Cymru* (8 Awst 1951).
12. 'To Speak, Aye, There's the Rub', *The Welsh Nation* (Tachwedd 1951).
13. 'Eleutheromania', *Cap and Gown* (December 1951), 61–5.
14. 'Darren Street, Caerdydd', *Baner ac Amserau Cymru* (2 Ionawr 1952).
15. 'Y Llais Arbennig', *Baner ac Amserau Cymru* (2 Ebrill 1952).
16. 'Towards Freedom. General Impressions of the Summer School', *The Welsh Nation* (September 1954).
17. 'Eben Fardd fel Beirniad', *Llên Cymru*, III (Ionawr 1955), 162–87.
18. 'Are we really in earnest about saving Welsh?' By a Special Correspondent, *Western Mail* (7 July 1955).
19. 'Cwrs y Byd. Dwyieithrwydd – ateb i Bobi Jones', *Baner ac Amserau Cymru* (11 Ionawr 1956). (Gw. *Y Faner*, 7 Rhagfyr 1955.)
20. 'Speaking in two tongues', *Liverpool Daily Post* (6 January 1956).

21. 'Dwyieithrwydd eto', ibid., 8 Chwefror 1956. (Gw. *Y Faner,* 18 Ionawr 1956; 15 Chwefror 1956).

22. 'Geni'r Epig Gymraeg', *Llên Cymru,* IV (Gorffennaf 1956), 59–79.

23. 'Rhaid gweithredu polisi gwir ddwyieithog', *Baner ac Amserau Cymru* (3 Hydref 1956).

24. 'Cofiant a Marwnad Robert Williams', *Journal of the Welsh Bibliographical Society,* (July 1957), 222–3.

25. 'Learning about Learning', *Welsh Nation,* (February 1958).

26. 'Yr Eisteddfod a'r Iaith', *Baner ac Amserau Cymru,* (31 Gorffennaf 1958).

27. 'Cymru Ddwyieithog', *Y Genhinen,* VIII (Hydref 1958), 216–20.

28. 'Eben Fardd a Samuel Prideaux Tregelles', *Cylchgrawn Llyfrgell Genedlaethol Cymru,* VII (1958), 344–6.

29. 'Dyddiadur y Dyn Sur', *Llên Cymru,* V (Ionawr 1959), 136–42.

30. 'Disgyblion a'r Busnes Dwyieithog Yma', *Baner ac Amserau Cymru,* (27 Awst 1959). (Ymateb gan Wm Rowland, Porthmadog, gw. *Y Faner,* (12 Tachwedd 1959).

31. 'Adolygiad: Englynion a Chywyddau', gol. Aneirin Talfan Davies, *Yr Arloeswr,* 6 (Haf 1959).

32. 'Cefndir Llenorion', *Baner ac Amserau Cymru,* (3 Rhagfyr 1959).

33. 'Adolygiad: Ellis Davies, Flintshire Place Names', *Baner ac Amserau Cymru,* (12 Mai 1960).

34. 'Adolygiad: Bilingualism and Intelligence', W. R. Jones (Univ. of Wales Press), *Y Genhinen,* X (Gwanwyn 1960), 123–4.

35. 'Industrialisation did not save the Welsh language', *Welsh Nation,* (July 1960).

36. 'Tystiolaeth y Ddafad Ddu', yn R. Gerallt Jones (gol.), *Fy Nghymru I* (Dinbych, 1961), tt. 97–107.

37. 'Cwch Papur y Llywodraeth', *Baner ac Amserau Cymru,* (27 Hydref 1961).

38. 'John Vyrnwy Morgan', *Cylchgrawn Llyfrgell Genedlaethol Cymru,* XII (Gaeaf 1961), 198–200.

39. 'Bomiau Academig', *Western Mail,* (19 Rhagfyr 1961).

40. 'Melltith Cymru', *Baner ac Amserau Cymru,* (19 Mai 1962).

41. 'A Further Note on Edward Morgan of Syston', *Cylchgrawn*

Cymdeithas Hanes Methodistiaid Calfinaidd Cymru, XLVII (1962), 70–2.

42. 'Casgliad Newydd o Lythyrau at Eben Fardd', *Cylchgrawn Llyfrgell Genedlaethol Cymru*, XIII (1962), 48–56.

43. 'Gweithgarwch Emynyddol Eben Fardd', *Journal of the Welsh Bibliographical Society*, IX (Rhagfyr 1962), 137–41.

44. 'Ieithoedd Cenedlaethol yn yr Undeb Sofietaidd', *Y Ddraig Goch*, (Ebrill 1963).

45. 'Eifionydd y Beirdd', *Trafodion Cymdeithas Hanes Sir Gaernarfon* (1964), 42–51

46. 'Dewi Wyn o Eifion', ibid., 51–65.

47. 'Te yn y Grug', *Barn*, (Ebrill, Mai, Mehefin, 1964).

48. 'Deng Noswaith yn y "Black Lion" Daniel Owen' *Llên Cymru*, 8 (Ion.–Gorff. 1964), 87.

49. 'Yr Hen Bwn Eto', *Y Genhinen*, XV (1965), 359–65.

50. 'From Cardiff to Calcutta', Councillor Ted Millward on Language Policies in Wales and India, *Welsh Nation*, (May 1965).

51. 'Cwch Papur y Llywodraeth', *Baner ac Amserau Cymru*, (27 Hydref 1966).

52. 'Enoc Huws', *Barn*, (Rhagfyr 1966).

53. 'Enoc Huws', *Barn*, (Ionawr/Chwefror 1967). Gw. hefyd Urien Wiliam (gol.), *Daniel Owen*, Cyfrol 2, tt. 482–94.

54. 'Siôn Wyn o Eifion', *Transactions of the Caernarvonshire Historical Society* (1967), 60–6.

55. 'Adolygiad, Cerddi Rhydd Euros Bowen; Ffroenau'r Ddraig, J. Gwyn Griffiths', *Taliesin*, 3 (1967), 103–10.

56. 'Cymhellion Cyhoeddwyr yn y XIX Ganrif', yn Thomas Jones (gol.), *Astudiaethau Amrywiol a Gyflwynir i Syr Thomas Parry-Williams* (Caerdydd: Gwasg Prifysgol Cymru, 1968), tt. 67–83.

57. 'Eben Fardd (1802–63)', yn Dyfnallt Morgan (gol.), *Gwŷr Llên y Bedwaredd Ganrif ar Bymtheg a'u Cefndir* (Llandybïe: Llyfrau'r Dryw, 1968), tt. 31–41.

58. *Detholion o Ddyddiadur Eben Fardd* (Caerdydd: Gwasg Prifysgol Cymru, 1968).

59. 'Llythyr Daniel Owen at yr Athro Ellis Edwards, Y Bala', *Llên*

Cymru, X, 3 & 4 (Ion.–Gorff. 1969), 20–3. Gw. hefyd Urien Wiliam (gol.), *Daniel Owen*, Cyfrol 2, tt. 534–40.

60. 'Dŵr, Dŵr, Dŵr', *Barn* (Rhagfyr 1969), 38–9.

61. 'Daniel Owen: Artist yn Philistia?' yn *Y Traddodiad Rhyddiaith*, gol. Geraint Bowen (Llandysul: Gwasg Gomer, 1970), tt. 354–66.

62. 'O. M. Edwards a Michael D. Jones', *Ysgrifau Beirniadol*, V (1970), 163–6.

63. 'Adolygiad: Beirniadaeth Arhosol. Safle'r Gerbydres Tecwyn Lloyd', *Barn* (Hydref 1971), 350.

64. 'Adolygiad. Ysgrifau Beirniadol, VI', *Y Traethodydd* (Gorffennaf 1972).

65. *Pryddestau Eisteddfodol Detholedig 1911–1953* (Llys yr Eisteddfod Genedlaethol, 1973). Gw. *Y Tyst*, 25/4/1974; *Barn*, Awst 1974.

66. 'Ffugchwedlau'r Bedwaredd Ganrif ar Bymtheg', *Llên Cymru*, XII (Ion.–Gorff. 1973), 244–64.

67. 'Anfarwol Nwyd', *Ysgrifau Beirniadol*, VIII (1974), 250–6.

68. 'Adolygiad: W. C. Elvet Thomas, Tyfu'n Gymro' (1972), *Barn* (Chwefror 1974), 186–7.

69. 'Adolygiad: 'Meistr ar ei Gyfrwng. Ifor Bach a Siop Gwalia gan Ifor Owen', *Barn* (Awst 1974), 467–8.

70. 'Rhai Agweddau ar Lenyddiaeth Wrth-Fethodistaidd y Ddeunawfed Ganrif', *Cylchgrawn Cymdeithas Hanes Eglwys Methodistiaid Calfinaidd Cymru* (Mawrth 1975), 1–9.

71. 'Adolygiad: R. Tudur Jones, The Desire of Nations', *Y Traethodydd* (Ebrill 1975), 147–9.

72. 'Cerdd Arbrofol' gan Now, *Llais y Lli* (Haf 1975).

73. 'Canu ar Ddamhegion', *Y Traethodydd* (Ionawr 1976), 24–31.

74. 'Ymweliad Howel Harris â'r Bala, 1741', *Cylchgrawn Cymdeithas Hanes Eglwys Methodistiaid Calfinaidd Cymru* (Mawrth 1976), 80–6.

75. 'O. M. Edwards: Rhai Sylwadau ar ei Waith Llenyddol', *Y Traddodiad Rhyddiaith yn yr Ugeinfed Ganrif*, gol. Geraint Bowen (Llandysul: Gwasg Gomer, 1976), tt. 38–54.

76. 'Teulu Llenyddol Daniel Owen', *Y Faner* (15 Gorffennaf 1977), 13–14. Gw. hefyd Urien Wiliam (gol.), *Daniel Owen*, Cyfrol 2, tt. 568–72.

77. 'Rhamantiaeth Eisteddfodol', *Ysgrifau Beirniadol*, X (1977), 343–56.

78. 'Cymdeithas y Cymreigyddion a'r Methodistiaid', *Cylchgrawn Llyfrgell Genedlaethol Cymru*, XXI (1977), 103–110.

79. 'Adolygu Darlith – Daniel Owen a Methodistiaeth gan Derec Llwyd Morgan', *Y Faner* (5 Mai 1978), 19. Hepgorwyd y paragraff olaf.

80. 'Byd y Baledwr', *Y Faner* (19 Mai 1978), 17–18.

81. *Tylwyth Llenyddol Daniel Owen neu Yr Artist yn ei Gynefin*, Darlith Goffa Daniel Owen, IV (Yr Wyddgrug 1979).

82. 'Y Rhamant Hanesyddol yn Oes Victoria', *Y Faner* (5 Mai 1979).

83. 'Review: W. Rhys Nicholas, The Folk Poets' (UWP, 1978), *Studia Celtica*, XIV–XV (1979–80), 449–50.

84. 'Agweddau ar Waith Eben Fardd', *Trafodion Anrhydeddus Gymdeithas Y Cymmrodorion* (1980), 143–61.

85. 'Llenyddiaeth arall Oes Victoria', *Y Casglwr*, 10 (1980).

86. 'Delweddau'r Canu Gwerin', *Canu Gwerin* (1980), 11–21.

87. '"Y Storm" Gyntaf Islwyn', *Cylchgrawn Cymdeithas Hanes Methodistiaid Calfinaidd Cymru* (1980), 37–45.

88. 'Canu'r Byd i'w Le', *Y Traethodydd* (Ionawr 1981), 4–26.

89. 'It's Ours', *The National Eisteddfod of Wales, Welsh Books and Writers* (Autumn 1981), 3–5.

90. 'Ychwanegiadau at Brydyddiaeth Jac Glan-y-gors', *Bwletin y Bwrdd Gwybodau Celtaidd*, Rhan IV (1981), 666–73.

91. 'Gwerineiddio Llenyddiaeth Gymraeg', yn *Bardos*, gol. R. Geraint Gruffydd (Caerdydd: Gwasg Prifysgol Cymru, 1982), tt. 95–110.

92. 'Daniel Owen a Rhyw', *Y Faner* (26 Mawrth 1982), 10–11.

93. 'Adolygiad: Glenda Carr, William Owen Pughe' (GPC, 1983) *Y Faner* (11 Tachwedd 1983), 7.

94. *Ceinion y Gân: Detholiad o Ganeuon Poblogaidd Oes Victoria* (Llandysul: Gwasg Gomer, 1983).

95. 'Eben Fardd', *Y Casglwr*, 21 (1983), 2.

96. 'Ailgloriannu Emrys ap Iwan', *Y Faner* (21 Medi 1984), 12–13.

97. 'Ysgrifau "Anhysbys" Daniel Owen', *Llên Cymru*, XIV (1984), 25–76.

98. 'Adolygiad: Marion Eames, Merched y Nofelau' (Pwyllgor Ystafell Goffa Daniel Owen, 1984), *Llais Llyfrau* (Hydref 1984), 17.

99. 'Adolygiad: Yr Anterliwt Goll gan Emyr Wyn Jones', *Llais Llyfrau* (Hydref 1985), 13.

100. Cyfraniadau i Meic Stephens (gol.), *Cydymaith i Lenyddiaeth Cymru* (Caerdydd: Gwasg Prifysgol Cymru, 1986).

101. 'Adolygiad: Traddodiad Eisteddfodol Clwyd gan Hedd ap Emlyn', *Llais Llyfrau* (Haf 1986), 13.

102. 'The Long Poem in Welsh', *Planet*, 58 (August/September 1986), 82–9.

103. 'Dafydd Evans, Ffynnonhenri', yn *Rhwng Gŵyl a Gwaith*, Cyfrol 4, gol. R. Alun Evans (Dinbych: Gwasg Gee, 1986), tt. 66–9.

104. 'Bardd y Byd Newydd. Nodyn i Goffáu Ceiriog', *Barn* (Ebrill 1987), 129–37.

105. 'Gwilym Hiraethog: Llenor y Trawsnewid', *Llên Cymru*, XV (Ion.–Gorff. 1987–88), 320–33.

106. 'Emynau "Eban, y Lleban Llwyd"', *Bwletin Cymdeithas Emynau Cymru*, II, 10 (1987–1988), 313–22.

107. 'Beriah Gwynfe Evans: O'r Llyfr i'r Llwyfan', *Ysgrifau Beirniadol*, XIV (1988), 199–220.

108. *Eben Fardd*: Cyfres Llên y Llenor (Caernarfon: Gwasg Pantycelyn, 1988).

109. 'Adolygiad: Goronwy Owen gan Branwen Jarvis; Ceiriog gan Hywel Teifi Edwards', *Y Traethodydd* (Hydref 1988), 218–20.

110. 'Cerddi'r Chwyldro', *Barn* (Mawrth 1989), 11–14.

111. 'Beirniadaeth ar y nofel hir', Gwobr Goffa Daniel Owen, *Cyfansoddiadau a Beirniadaethau Eisteddfod Genedlaethol Dyffryn Conwy a'r Cyffiniau* (1989), 96–8.

112. 'Kilsby Jones, Darwin a Rhagluniaeth', *Barn* (Mehefin 1989), 8–10.

113. 'Dros Gyfanfor a Chyfandir', *Barn* (Medi 1989), 36–7.

114. 'Cenedl o Bobl Ddewrion: Y Rhamant Hanesyddol yn Oes Victoria', *Ysgrifau Beirniadol*, XVII (1990), 131–47.

115. 'Beirdd Ceredigion yn Oes Victoria', *Ceredigion* (1990), 171–90.

116. 'Chwilio am drysor', *Barn* (Gorff.–Awst 1990), 92–3.

117. 'Nodiadau amrywiol', *Llên Cymru*, XVI (1990–91), 389–90.

118. 'Pob Gwybodaeth Fuddiol', yn *Brad y Llyfrau Gleision*, gol. Prys Morgan (Llandysul: Gwasg Gomer, 1991), tt. 146–65.

119. *Cenedl o Bobl Ddewrion. Agweddau ar Lenyddiaeth Oes Victoria* (Llandysul: Gwasg Gomer, 1991). (Derbyniodd y gwaith hwn Wobr Goffa Ellis Griffith, Prifysgol Cymru, 1991. Adolygiad: J. E. Caerwyn Williams yn *Y Traethodydd*, Gorffennaf, 1994, 183, 191–2.)

120. Golygydd *Blodeugerdd Barddas o Gerddi Rhydd y Ddeunawfed Ganrif* (Llandybïe: Cyhoeddiadau Barddas, 1991). Rhagymadrodd, tt. 15–38; testun, tt. 39–338.

121. 'Y Rhamant Hanesyddol yn Oes Victoria', *Barn* (Ionawr/Chwefror 1992), 18–19.

122. 'Merched Daniel Owen', *Ysgrifau Beirniadol*, XVIII (1992), 223–39.

123. Golygydd *Gwen Tomos* gan Daniel Owen (Caerdydd: Hughes a'i Fab, 1992). Rhagymadrodd, tt. iii-x.

124. 'Cowbois', *Sglein*, Casgliad o Sgyrsiau Radio, Cyfrol 1, gol. R. Alun Evans (Dinbych: Gwasg Gee, 1992), tt. 66–9.

125. Golygydd *Rhys Lewis* gan Daniel Owen (Caerdydd: Hughes a'i Fab, 1993).

126. 'Cadw'r Newid', *Sglein*, Casgliad o Sgyrsiau Radio, Cyfrol 2, gol. R. Alun Evans (Dinbych: Gwasg Gee, 1993), tt. 38–41.

127. 'Yr anterliwt – cyfrwng i'w atgyfodi?', *Barn*, 371–2 (Rhagfyr–Ionawr 1993–4), 52–3.

128. 'Dicter Poeth y Dr Pan', *Cof Cenedl IX*, gol. Geraint H. Jenkins (Llandysul: Gwasg Gomer, 1994), tt. 163–90.

129. 'Cymry'r Cardiau Post' *Y Casglwr*, 55 (Haf 1995), 13–15.

130. Golygydd *Enoc Huws* gan Daniel Owen (Caerdydd: Hughes a'i Fab, 1995).

131. *Iwtopia Emrys ap Iwan*, Y Ddarlith Goffa Flynyddol (Abergele: Cymdeithas Emrys ap Iwan, 1996).

132. *Cymry'r Cardiau Post* (Llandysul: Gwasg Gomer, 1996). Adolygiad: Tegwyn Jones, *Llais Llyfrau* (Gaeaf 1996).

133. Cyfraniadau i Colin Matthew (ed.), *The New Dictionary of National Biography* (Oxford: Oxford University Press), Mawrth, Ebrill, Mai 1997, Mawrth 1999.

134. 'Wales was Wales before England wass' *Yr Enfys* (Haf/Summer 1997), 9–11.

135. *Yr Arwrgerdd Gymraeg – ei Thwf a'i Thranc* (Caerdydd: Gwasg Prifysgol Cymru, 1998). Adolygiadau: *Taliesin*, 108 (Chwefror 2000), 112–14; *Llên Cymru*, 23 (2000), 212–14.

136. *Daniel Owen*, Cyfres Pigion 2000 (Llanrwst: Gwasg Carreg Gwalch, 1999). [gyda Tegwyn Jones]

137. 'Dirk Bogarde y Llenor', *Barn* (Mehefin 1999), 51–3.

138. 'Beriah Gwynfe Evans: A Pioneer Playwright-Producer', yn Hywel Teifi Edwards (ed.), *A Guide to Welsh Literature c. 1800–1900* (Cardiff: University of Wales Press, 2000), tt. 166–85.

139. *'Gym'rwch chi Baned?' Traddodiad y Te Cymreig* (Llanrwst: Gwasg Carreg Gwalch, 2000).

140. Cyfraniadau i Colin Matthew (ed.), *The New Dictionary of National Biography* (Oxford: Oxford University Press), Awst, Medi, Hydref 2000.

141. 'Adolygiad: John Stuart Roberts, Siegfried Sassoon (London, 1999)', *Y Traethodydd* (Ionawr 2001), 56–9.

142. 'Rhagor o Nofelau'r Bedwaredd Ganrif ar Bymtheg', *Llên Cymru*, 24 (2001), 131–48.

143. 'Merthyr Tudful: Tref y brodyr rhagorol' yn *Merthyr a Thaf*, Cyfres y Cymoedd, gol. Hywel Teifi Edwards (Llandysul: Gwasg Gomer, 2001), 9–56.

144. 'Nodyn ar Ddwy Gerdd gan Jac Glan-y-gors', *Canu Gwerin*, 24 (2001), 42–9.

145. 'Atgofion am ail Brotest Trawsfynydd, 1952', *Y Faner Newydd*, 21 (Haf 2002), 29.

146. Hywel Teifi Edwards ac E. G. Millward, *Jiwbilî y Fam Wen Fawr* (Llandysul: Gwasg Gomer, 2002). Adolygiad: *Y Cymro* (24 Awst 2002), 10; *Western Mail Magazine* (7 December 2002); *Y Traethodydd* (Ebrill 2004), 138.

147. Golygydd *Cerddi Jac Glan-y-gors* (Abertawe: Cyhoeddiadau

Barddas, 2003). Adolygiad/erthygl: *Llafar Gwlad*, 3 (Gaeaf 2004), 10–11; *Taliesin*, 121 (Gwanwyn 2004), 137–9.

148. '"Barcud ymhlith tylluanod": Gweriniaetholdeb Pan Jones', *Taliesin*, 120 (Gaeaf 2003), 68–77.

149. 'Pererin Pantycelyn', *Y Traethodydd*, CLX (Gorffennaf 2005), 167–74.

150. 'Celynin (1837?–1906): Dickens Cymru?', *Cylchgrawn Cymdeithas Hanes a Chofnodion Sir Feirionnydd*, XIV (2005), 345–55.

151. 'Adolygiad: Glyn Tegai Hughes, Islwyn' (Caerdydd, 2003), *Y Traethodydd*, CLXI (Ebrill 2006), 116–18.

152. 'Adolygiad: Siwan M. Rosser, 'Y Ferch ym Myd y Faled', *Barn* (Mai 2006), 43.

153. '"Ystordy Cywreinrwydd yr Hil Ddynol": Yr Arddangosfa Fawr, 1851', *Y Traethodydd*, CLXII (Hydref 2007), 235–50.

154. 'Beirdd y Môr yn Oes Victoria' yn *Cawr i'w Genedl: Cyfrol i Gyfarch yr Athro Hywel Teifi Edwards*, gol. Tegwyn Jones a Huw Edwards (Llandysul: Gwasg Gomer, 2008), tt. 147–73.

155. 'Adolygiad: Rheinallt Llwyd, Bro a Bywyd Islwyn Ffowc Elis', *Taliesin*, 133 (Gwanwyn 2008), 132–3.

156. 'Cyfoethog a Thlawd: Cipolwg ar y nofel ddiwydiannol yn y bedwaredd ganrif ar bymtheg', *Taliesin*, 136 (Gwanwyn 2009), 30–46.

157. 'Adolygiad: Gwerin Gwlad: Ysgrifau ar Ddiwylliant Gwerin Cymru', Cyfrol 1, *Cylchgrawn Cymdeithas Hanes Sir Feirionnydd*, XV (2009), 480–1.

158. 'Yr Imperialaeth Newydd a'r Gymru Newydd', *Y Traethodydd* (Gorffennaf 2010), 145–63.

159. 'Barn y Beirdd ar Lundain', *Y Faner Newydd* (Haf 2011), 8–11.

160. 'Tybaco a'r Beirdd', *Y Faner Newydd*, 58 (Gaeaf 2011), 12–17.

161. 'Rhagor am Gymru a'r Imperialaeth Newydd', *Y Traethodydd*, CLXVII (Ionawr 2012), 12–29.

162. 'Adar a Beirdd Cymru', *Y Faner Newydd*, 59 (Gwanwyn 2012), 38–41.

163. 'Y Llyfr Cymraeg hynotaf', *Y Faner Newydd*, 66 (Gaeaf 2013), 4–5.

164. 'Cwrs y Byd a'r byd arall', *Y Traethodydd* (Ionawr 2014), 45–50.
165. 'Cofio am y Cofiant', *Y Faner Newydd*, 68 (Haf 2014), 20–2
166. 'Llyfr i Ddiddanu Milwyr?', *Y Faner Newydd*, 70 (Gaeaf 2014), 48–9.
167. 'Hen Gymru Wen', *Y Traethodydd* (Ionawr 2015), 43–54.